Kurt Tepperwein

Der Weg zum Erfolg ist der Weg zu dir selbst

Kurt Tepperwein

Der Weg zum Erfolg ist der Weg zu dir selbst

Die sieben Schritte zur erfüllten Persönlichkeit

mvg Verlag

Bibliografische Information der Deutschen Bibliothek
Die Deutsche Bibliothek verzeichnet diese Publikation in der Deutschen Nationalbibliografie; detaillierte bibliografische Daten sind im Internet über http://dnb.ddb.de abrufbar.

Umschlaggestaltung: Vierthaler & Braun, München
Satz: Redline GmbH, S. Wilhelmer
Druck- und Bindearbeiten: Ebner & Spiegel, Ulm
Printed in Germany 07171/010603
ISBN 3-636-07171-8

Inhalt

Vorwort: Erfolg ist anders!

Jeder, der etwas tut, will dabei Erfolg haben! Niemand würde etwas in Bewegung setzen, wenn es überhaupt keine Erfolgsaussichten gäbe. *Erfolg im Leben zu haben ist unser Lebenselixier, sei es im Beruf oder im Privatleben.* Kein Wunder, dass uns viele Erfolgsratgeber zur Seite stehen.

Doch Prof. Dr. phil. Kurt Tepperwein geht in diesem neuen Buch das Thema wieder auf eine neue und erfrischende Weise an. Als ob er es vom Kopf auf die Füße stellen würde! Wer für dieses Buch wirklich offen sein möchte, der sollte erst einmal alles vergessen, was er bisher über Erfolg gelesen hat. Denn: *Erfolg ist anders!*

Seine wohl wichtigste Botschaft: Es geht nicht darum, eine *Rolle* im Beruf oder in der Familie erfolgreich zu spielen. Es geht vielmehr darum, *sich selbst erfolgreich zu verwirklichen.* Das ist die Voraussetzung, um Erfolg auch mit Lebensglück und Lebenserfüllung zu verbinden. Und nur das garantiert den Lebenserfolg.

So viele Menschen machen scheinbar eine erfolgreiche Karriere – und plötzlich stürzt alles wie ein Kartenhaus zusammen, weil die Gesundheit oder die Familie nicht mehr mitspielt. Plötzlich war alles doch nur ein Scheinerfolg!

Wahrer Erfolg kann nicht *halbherzig*, sondern nur *ganzherzig* sein. Dann macht Erfolg auch unser Herz stark und nicht schwach. Wahrer Erfolg kommt von innen und verwirklicht sich im Außen. So gesehen hat jeder nachhaltige Erfolg eine spirituelle, eine Herz-Dimension.

Erfolg ist *kein Resultat harter Arbeit!* Auch das ist eine wichtige Lehre von Kurt Tepperwein. Denn wahrer Erfolg stellt sich ein, wenn wir *unseren eigenen Weg* gehen. Und es ist ein wunderbares Erfolgsgesetz, dass *der eigene Weg immer ein Weg der Freude, ein Weg der Leichtigkeit ist!*

Vor dem wirklichen Erfolg kommt also das *Loslassen* aller Rollenmuster, um zu sich *selbst* zu finden, aus seiner Mitte, seinem Herzen zu leben! Es gilt auch, die Vergangenheit loszulassen, denn das *Selbst* ist nur *jetzt. Erfolg* ist nur *jetzt.* Wenn *Erfolg* in jedem Moment ist, so wird das Leben zu einem einzigen Erfolg!

Erfolg ist keine Frage von Techniken, gar manipulativen Machtspielen, sondern die Ausbildung einer charismatischen, ehrlichen und liebevollen Erfolgspersönlichkeit. Erfolg kommt immer von innen, hat eine *Ausstrahlung,* zieht passende Menschen, Ereignisse, „Zufälle" ins Leben, die den Erfolg letztlich *unvermeidlich* machen. So macht sich Erfolg nicht an äußeren Fassaden fest, ist kein Blendwerk, sondern Ausdruck einer *inneren Stimmigkeit.* Es ist Handeln und SEIN aus dem eigenen Wesen heraus, Ausdruck der *eigenen gelebten Lebensvision.*

Erfolg ist kein Luxus, sondern für jede und alle unverzichtbar. Erfolg ist *bewusste und heilsame Zukunftsgestaltung.*

Möge dieses Buch ein viel gelesener Botschafter für diese großartige Vision von Erfolg sein!

Felix Aeschbacher

Studienleiter der IAW

Einleitung: Eigenschaften einer Erfolgs-Persönlichkeit

Das Geheimnis erfolgreicher Menschen

In meiner Praxis als Unternehmensberater erlebte ich immer wieder, dass manche Menschen ihr Studium in kurzer Zeit mit hervorragenden Noten abschlossen. Sie hatten zusätzliche Qualifikationen, waren versiert im Umgang mit Computern, beherrschten Fremdsprachen und verfügten über praktische Auslandserfahrungen. Sie hatten scheinbar alle Voraussetzungen für beruflichen Erfolg – und blieben nach Abschluss ihres Studiums doch arbeitslos oder fassten nur mühsam Tritt.

Andere dagegen brauchten länger für ihr Studium, das sie mit einem durchschnittlichen Ergebnis abschlossen. Sie hatten kaum zusätzliche Qualifikationen, keine Praxis, keinerlei Auslandserfahrung, aber fanden nach Abschluss ihres Studiums sofort eine passende Stelle oder machten sich erfolgreich selbstständig.

Ich erforschte dieses Phänomen und fand die Ursache für den Misserfolg der einen und den scheinbar mühelosen Erfolg der anderen. Das Geheimnis besteht in der Entwicklung der Persönlichkeit. Während die einen eher unterentwickelte Persönlichkeiten waren, hatten die anderen eine *ausgeprägte Erfolgs-Persönlichkeit* ausgebildet – *mit Charisma und einer Aura des Erfolgs,* der sich kaum jemand entziehen konnte, so dass der Erfolg unvermeidbar wurde und ihnen scheinbar mühelos in den Schoß fiel. Sehr oft schrieben sie nur eine einzige Bewerbung, und obwohl es andere, besser qualifizierte

Mitbewerber gab, bekamen sie die gewünschte Stellung – sehr zur Verblüffung ihrer Mitbewerber.

Also machte ich mich daran zu erforschen, ob es möglich sei, eine solche Erfolgs-Persönlichkeit bewusst zu entwickeln. Ich fand heraus, dass die Entwicklung der eigenen Persönlichkeit *klaren Gesetzmäßigkeiten* gehorcht.

Sobald man diese Gesetzmäßigkeiten kennt und befolgt, kann man seine Persönlichkeit in die gewünschte Richtung entwickeln. Ich habe diesen Weg unzählige Male in der Praxis erprobt, immer mit dem gleichen Ergebnis: *Sobald jemand seine Erfolgs-Persönlichkeit entwickelt, sorgt seine Ausstrahlung nach dem Gesetz der Resonanz dafür, dass ein Erfolg letztlich unvermeidbar wird.*

In diesem Buch möchte ich Sie dabei begleiten, eine Erfolgs-Persönlichkeit zu werden. Dabei werden Sie sich selbst genauer betrachten und sich tiefer gehende Fragen stellen, als Sie es vielleicht gewöhnt sind. Ich werde Sie auch ermutigen, eine ehrliche Bilanz Ihres Lebens zu ziehen und herauszufinden, in welchen Bereichen Sie sich weiter entwickeln möchten. Bitte überspringen Sie die Übungen und Aufgaben nicht! Sie werden Ihnen wichtige Einsichten über Ihr eigenes Leben vermitteln, die Ihnen keine Lektüre bringen kann.

An einigen Punkten werden Sie vielleicht weiter führende Fragen haben, werden Sie das Bedürfnis haben, mehr zu lernen und tiefer vorzudringen. Ich möchte Sie ermutigen, diesem Impuls nachzugehen. Lesen Sie, besuchen Sie Seminare, sprechen Sie mit Menschen, die Ihnen ein Vorbild sind. Am Ende des Buches finden Sie weiterführende Literatur und Schulungsangebote. Doch auch in Ihrer unmittelbaren Nähe werden sich immer wieder Chancen zur Weiterentwicklung auftun. Nutzen Sie sie!

Wenn Sie dieses Buch intensiv verwenden, werden Sie Ihre eigene Lebensvision und Zielklarheit gewinnen, und eine innere Resonanzfähigkeit für den Erfolg herstellen und so den Erfolg mühelos in Ihr Leben ziehen. Ich wünsche Ihnen viel Erfolg auf Ihrem Weg zur Erfolgs-Persönlichkeit!

In jedem Menschen schlummert eine Erfolgs-Persönlichkeit

Die moderne Physik beschreibt den Menschen als ein *Energiefeld* unterschiedlicher Stärke und Schwingung, das messbar und damit wissenschaftlich nachweisbar ist. Dieses Energiefeld steuert nicht nur auf bioelektrischem und biomagnetischem Weg alle Funktionen des Körpers, sondern es wirkt auch *als Ausstrahlung* auf die Umgebung des Menschen und beeinflusst andere entscheidend.

Dieses Energiefeld wird durch *jeden Gedanken* verändert und kann so in seiner Wirkung beeinflusst, ja bestimmt werden. Natürlich kann ein negativer Gedanke nur negative Wirkung hervorrufen. Ebenso zuverlässig bringt ein positiver Gedanke eine positive Wirkung hervor und verändert entsprechend die Ausstrahlung eines Menschen. Diese Ausstrahlung ruft im anderen Sympathie oder Antipathie hervor, und er reagiert entsprechend darauf, meist sogar unbewusst.

Hat jemand eine starke positive Ausstrahlung, die andere begeistert und mitreißt, dann sprechen wir von einer *charismatischen Persönlichkeit.* Der hervorragende Ausdruck einer solchen charismatischen Persönlichkeit ist der Erfolg. Manche machen so alles, was sie anfassen, zum Erfolg. *Eine charismatische Persönlichkeit ist eine lebendige Ursache für Erfolg, der dann auch zuverlässig und scheinbar mühelos erfolgt.* Charismatische Persönlichkeiten verfügen anscheinend über eine unversiegbare Energiequelle, aus der ihre Ausstrahlung ständig gespeist wird. Bewusst oder unbewusst lenken sie diese Energie auf ein bestimmtes Ziel, das sie so sicher erreichen. Damit machen sie ihren persönlichen Erfolg anscheinend unvermeidbar.

Da Charisma so viele Vorteile hat, sollten wir prüfen, ob ein gütiges Schicksal diese Gabe nur einigen Auserwählten auf den Weg gibt, oder ob eine Möglichkeit besteht, Charisma ganz gezielt zu entwickeln und zu steigern. Und –

wenn das möglich ist – wie man sein Charisma aktiviert und erfolgreich einsetzt und wirken lässt.

Jeder Mensch hat ein latentes geistiges Potenzial, das seinen derzeitigen verwirklichten IQ wesentlich überschreitet und das in kurzer Zeit aktiviert und genutzt werden kann. Obwohl wir bisher nur einen geringen Teil dieses geistigen Potenzials nutzen, haben wir Großartiges geleistet. Und das lässt uns ahnen, was auf uns wartet, wenn wir unser latentes geistiges Potenzial voll aktivieren. Die Aktivierung unseres bisher ungenutzten geistigen Potenzials ist *unverzichtbar, um den Aufgaben der Zukunft gewachsen zu sein.* Zumal diese Zukunft bereits begonnen hat. Das ermöglicht uns auch, mit einem Minimum an Aufwand ein Maximum an Ergebnis zu erzielen, und macht auch einen optimalen Umgang mit Information möglich.

Voraussetzung dafür ist, *vom Denken zur Wahrnehmung umzuschalten:* weil Denken von seiner Natur her begrenzt und fehlerhaft ist. Wahrnehmung aber ist vollkommen. Dazu gehört insbesondere die *energetische Wahrnehmung.* Wenn Sie sich beim Zuhören auf die energetische Botschaft konzentrieren, werden Sie erkennen, dass es auf dieser Ebene keine Lüge, aber auch keinen Irrtum gibt. Dieses geistige Potenzial gibt uns auch die Fähigkeit, Lebensprozesse bewusst aktiv zu steuern, in eine gewünschte Richtung zu lenken und ein beabsichtigtes Ergebnis sicher zu erreichen, was eine *ganz neue Erfahrung im Umgang mit Zukunft* ermöglicht.

Wir wenden Milliardenbeträge auf, um die Kapazität unserer Computer zu steigern, während *unsere eigene Kapazität* weder quantitativ noch qualitativ ausgeschöpft ist. Genau genommen stehen wir hier noch ganz am Anfang.

Der *Gedanke* ist wohl der wichtigste, aber am wenigsten verstandene Faktor zur bewussten Gestaltung der Realität. Unsere Gedanken sind unsere größten Verbündeten oder unsere größten Feinde – je nachdem, wie wir damit umgehen. Die Natur hat uns mit einem einmaligen *Denkinstrument* ausgestattet, das wir aber bisher nur zu einem geringen Teil nutzen. Ganze Bereiche dieses einmaligen Instrumentes sind gar nicht in Betrieb. Und so nutzen wir nur einen geringen Teil unseres natürlichen Potenzials. Sobald diese Bereiche aktiviert werden, explodiert unsere Intelligenz förmlich, und unsere Kreativität vervielfacht sich.

Das ist auch erforderlich, denn mit dem bisher genutzten Potenzial sind die Aufgaben, die vor uns liegen, überhaupt nicht zu bewältigen. Es ist daher eine Frage des Überlebens, die bisher ungenutzten Potenziale zu aktivieren und so das Genie in uns zu wecken. *Ohne entwickelte Erfolgs-Persönlichkeit können Sie unmöglich top sein oder bleiben.*

Wie in der Wüste das Erdöl Jahrtausende verborgen war, so steckt *in jedem von uns* ein Schatz an geheimen Fähigkeiten und Kräften, der nur darauf wartet, endlich entdeckt zu werden. Es wird Zeit, dass wir uns aus dem Gefängnis der Gegebenheiten befreien und *eintreten in die grenzenlosen Möglichkeiten unseres wahren Seins.*

Deshalb ist das Wichtigste, was Sie jetzt tun können: Entscheiden Sie sich, dass Sie einer der wenigen sind, die zu dem kleinen Prozentsatz wirklich erfolgreicher Menschen gehören.

Wer bin ich wirklich?

Auf diesem Weg erkenne ich zunächst, *dass meine Persönlichkeit von der Umwelt erschaffen wurde* und meinem wahren Selbst gar nicht entsprechen muss. Sie ist entstanden durch genetisches Erbe, durch Erziehung, durch Eltern, Geschwister, Lehrer, nur zum kleinen Teil durch meine eigene Erfahrung. In dieser durch andere geschaffenen Persönlichkeit lebe ich, als diese Persönlichkeit fühle ich mich, mit ihr identifiziere ich mich. Diese Persönlichkeit bestimmt mein Verhalten und damit nach dem Gesetz der Resonanz auch mein Schicksal.

Ich lebe also ein Leben, das gar nicht mein Leben ist. Kein Wunder, wenn ich mich darin nicht wohl fühle. Diese Persönlichkeit hat bestimmte Eigenschaften. Manche gefallen mir, und manche gefallen mir nicht. *Und ich erkenne, ich kann meine Persönlichkeit ändern.* Ich lege zum Beispiel meine Ungeduld ab und werde geduldig. Ich befreie mich von meiner Neigung zur Hast und lege mir eine heitere Gelassenheit zu. So werde ich vielleicht liebevoll, harmonisch, verständnisvoll oder gütig.

Ich verändere mich ganz bewusst zu meinem Vorteil. Ich spiele noch verschiedene Rollen, ich bin Sohn oder Tochter, Ski-Kamerad, Freund oder Freundin, Liebhaber oder Geliebte, bin selbst Vater oder Mutter, Angestellter oder Chef, Rentner oder Invalide, alles verschiedene Rollen, die ich spiele. Und ich erkenne, indem ich auf die Wirklichkeit dahinter schaue, *ich bin der, der diese Rollen spielt, der diese Persönlichkeit gewählt hat und sie zu jeder Zeit ändern kann.*

So, wie wir alle auf der materiellen Ebene einen Körper als Werkzeug haben, so haben wir auch ein individuelles So-Sein, ein Ego.

Wenn wir geboren werden, haben wir noch kein Ich. Wir nehmen uns selbst überhaupt nicht wahr. Unsere Wahrnehmung beginnt mit dem DU, meistens der Mutter. Ohne uns unserer selbst bewusst zu sein, machen wir doch Erfahrungen. Es entstehen Eindrücke und daraus bestimmte Verhaltensmuster und Programme. So entsteht unsere Persönlichkeit, indem sich diese Muster mit unserem Charakter verbinden, den wir als die Summe früherer Erfahrungen mitbringen.

Unsere so genannte Persönlichkeit entsteht im Wesentlichen durch die Außenwelt, durch andere Menschen. Bevor wir selbst Einfluss darauf nehmen können, ist sie schon entstanden, unsere Persönlichkeit, auf die wir oft so stolz sind und zu der wir doch so wenig beigetragen haben. Unser *Kinder-Ich* ist gerade entstanden. Nun käme sicher niemand auf die Idee, mit seinen Kinderkleidern oder in Windeln durchs Leben zu gehen, und doch leben die meisten Menschen als dieses Kinder-Ich und sterben auch so. Bestenfalls haben sie im Laufe der Zeit daran gearbeitet, haben Therapien mitgemacht, Seminare besucht, „Prozesse durchlaufen“, um „unerwünschte Teile dieses Ichs“ zu verändern. Sie versuchen, meist mit geringem Erfolg, dieses Kinder-Ich in Richtung eines Ideals zu verändern. Sie vergessen dabei, dass *dieses Ideal nur eine Vorstellung ist* und ihnen meist gar nicht entspricht. Selbst, wenn sie mit der Veränderung erfolgreich sind, fühlen sie sich in sich nicht wohl.

Ein wichtiger Schritt zur Änderung ist, dass ich zuerst erkenne, dass meine Persönlichkeit von der Umwelt erschaffen wurde und mir selbst gar nicht entsprechen muss.

In dieser durch andere geschaffenen Persönlichkeit lebe ich, als diese Persönlichkeit fühle ich mich, und diese Persönlichkeit bestimmt mein Verhalten. Ich lebe also ein Leben, das gar nicht mein Leben ist.

Das Selbstbild optimieren

Das Selbstbild, das Bild, das wir von uns selbst haben, ist deshalb so wichtig, weil *die Welt, die wir erleben, eine Reflexion unserer Überzeugung ist.* Wie sehr uns die Welt gefällt, wie gut es uns geht, wie viel wir im Leben erreichen werden – alles das bestimmt letztendlich das Selbstbild entscheidend mit. Sie aber bestimmen Ihr Selbstbild, Sie könnten es zumindest jederzeit bewusst tun.

Der erste Schritt dazu besteht darin, die Art zu überprüfen und gegebenenfalls zu optimieren, *wie ich über mich denke und rede.* Wenn Sie sich als erfolgreich ansehen, werden Sie erfolgreich sein. In ein und derselben Welt gibt es Menschen, die fast ständig glücklich sind, und andere, die permanent unglücklich sind. Und es gibt Menschen, die ein schlechtes Gewissen bekommen, wenn es ihnen gerade einmal gut geht; und da sie erwarten, dass das nicht lange so bleibt, ändert sich dieser Zustand auch schnell wieder – sie fühlen sich schlecht.

Sie erleben so viel Glück im Leben, wie Sie erwarten. Wenn wir uns aber selbst nicht mögen, lassen wir das an uns aus. Unbewusst ziehen wir Unfälle, Krankheiten oder Mangel in unser Leben. *Wir sabotieren zuverlässig das eigene Glück, nur weil wir uns selbst nicht für wert halten, es zu erleben.* Da wir uns immer gleich verhalten, setzen wir auch immer wieder die gleichen Ursachen und machen daher auch immer wieder die gleichen Erfahrungen.

So gibt es Menschen, deren Leben eine einzige Katastrophe ist. Und andere, bei denen einfach alles glatt geht, ganz gleich, was sie anfassen – und wie unwahrscheinlich der Erfolg auch sein mag. Das betrifft die Neigung zu Krankheiten und Unfällen, den Beruf und die wirtschaftliche Situation. Manche sind immer pleite, ganz gleich, wie viel Geld sie bekommen. Auch ein Lottogewinn in Millionenhöhe ändert das Muster nur für kurze Zeit. Es sorgt dafür, dass die „natürliche Pleite" innerhalb kürzester Zeit wiederhergestellt wird. Es ist daher nicht sinnvoll, einfach nur mehr Geld verdienen zu wollen. Wichtig ist, das unerwünschte Verhaltensmuster zu erkennen und zu ändern, *denn so wie dieses Muster geschaffen wurde, kann es auch jederzeit geändert oder durch ein erwünschtes Muster ersetzt werden.*

Da gibt es zum Beispiel solche Muster: „Die Menschen sind schlecht." – „Ich werde immer betrogen." – „Warum tut die Welt mir das an?" – „Ich habe immer gerade so viel, dass es reicht." – „Wie ich mich entscheide, es ist immer falsch."

Mit der gleichen Zuverlässigkeit würden folgende Muster wirken: „Ich bin immer gesund!" – „Ich bin immer zur rechten Zeit am rechten Ort und tue das Richtige." – „Ich verdiene mit allem Geld, egal, was ich anfasse." – „Ich vertraue den Menschen, und sie verdienen es." – „Ich finde immer eine gute Gelegenheit." – „Irgendwer hilft mir immer." – „Mir macht einfach alles Spaß." – „Ich bin von Natur aus ein Gewinner."

Unser Leben ändert sich nur, indem wir diese Muster erkennen, diese inneren Glaubenssätze, und erleben, dass wir sie frei wählen können. Denn ob Sie eine Diät erfolgreich durchhalten, einen Sparplan einhalten oder pünktlich zu einem Termin kommen, *steht fest, bevor Sie begonnen haben.*

Das beginnt schon als Kind. Wenn Sie weinten, wurden Sie meist gefüttert. Denn damals war Hunger das Hauptproblem, das Sie veranlasste zu schreien. So entstand in Ihrem Umfeld die Assoziation, Ihnen bei auftauchenden Problemen immer etwas zu essen zu geben. Und so gehen manche auch als Erwachsene automatisch zum Kühlschrank, wenn sie in einer schwierigen Situationen sind. Und manche sind immer in einer schwierigen Situation! Manche greifen aus dem gleichen Grund zur Flasche oder zur Zigarette. Es ist die gleiche Konditionierung.

Oder *Beziehungsmuster:* Unbewusst wiederholen wir oft die erste Beziehung, die wir erlebten, die Beziehung zu Vater und Mutter. So ziehen wir Partner an, die deren Bild entsprechen, selbst wenn das Verhältnis zu den Eltern nicht angenehm war. So verlässt zum Beispiel eine junge Frau das Elternhaus wegen eines autoritären Vaters, nur um sich einem ebenso autoritären Partner zuzuwenden.

Wenn wir geboren werden, sind wir zunächst in der Rolle des Opfers. Wir sind auf die Mutter, auf die Umwelt angewiesen. *Irgendwann aber sollten wir die Opferhaltung loslassen und erwachsen werden, uns als Schöpfer erkennen und die Verantwortung für unser Leben übernehmen und unsere Lebensumstände bewusst selbst bestimmen.*

Ehe ich anfangen kann, mich zu verändern, muss ich zunächst einmal *anders sein wollen.* Dazu kann ich ein Idealbild schaffen von der Person, die ich sein will.

Ich kann aber auch einfach prüfen, *welche Wirklichkeit mir entspricht.* Jede Wirklichkeit ist jederzeit bereit, in Erscheinung zu treten, wenn ein Schöpfer die entsprechende Ursache setzt. *Dann muss ich die Vision, die ich von meiner Persönlichkeit habe, in der Gegenwart verwirklichen, indem ich sie durch gezielte Imagination in Besitz nehme.* Wie in ein geistiges Kleid schlüpfe ich in die so geschaffene Persönlichkeit hinein und bin, was ich sein will. *Alles andere erkenne ich von nun an als Vergangenheit.*

Die Zukunft wird also Gegenwart, indem ich mir vorstelle, dass ich bereits bin, was ich sein will. Indem ich durch die Imagination das Gefühl des bereits erreichten Wunsches wachrufe, *versetze ich ihn energetisch auf eine höhere Ebene der Wirklichkeit.* Und die Annahme wird durch Beharrlichkeit und Wiederholung zur Tatsache. Diese Ihre Annahme erzeugt so unweigerlich die Ereignisse Ihres Lebens.

Die Kunst des Loslassens

Also sollte ich zunächst einmal *loslassen, was nicht mehr wirklich zu mir gehört.* Zum Beispiel mein altes Selbstbild, aber auch Ärger, Stress, Angst, Hast, Sorge, Schuldgefühle, alle Erwartungen, denn damit kann ich dann nie wieder gekränkt, beleidigt, enttäuscht, verletzt oder verärgert werden. Nicht verzeihen können, Empfindlichkeit, Selbstmitleid, Minderwertigkeitsgefühle, Zweifel, Aggressionen, Verurteilen, Lieblosigkeit – mit einem Wort, *die Vergangenheit.* Ziehen sie deswegen auch ganz bewusst *den Rucksack der Vergangenheit aus,* legen Sie emotionale Fehl-Programme und alte Vorstellungen, Erziehung, Umwelteinfluss, Grenzen, Normen, ja sogar Ideale ab. Verabschieden Sie sich auch vom gefragt werden wollen, beachtet und verstanden werden wollen, geliebt werden wollen, Recht haben wollen, sich durchsetzen wollen. *Lassen Sie allen geistigen Sperrmüll einfach los.*

So, wie wir uns konditioniert haben, können wir auch unerwünschte Muster wieder löschen. Und zwar mit der Technik des Loslassens und der bewussten Identifikation mit einer erwünschten Eigenschaft, einer neuen Gewohnheit oder einem neuen Verhalten. Machen wir das gleich einmal praktisch! Lassen Sie sich den folgenden Text vorlesen, oder erstellen Sie sich eine eigene Meditationskassette, indem Sie ihn auf Band aufnehmen.

Meditations-Übung „Loslassen"

Ich schließe meine Augen, werde mir meiner Mitte bewusst und ruhe gelöst in mir als Bewusstsein. Ich richte meine Aufmerksamkeit nun auf das, was ich loslassen möchte, stelle es mir vor, lasse es lebendig werden und gehe noch einmal ganz bewusst in diese Situation hinein, erlebe sie bedingungslos.

Nun richte ich meine Aufmerksamkeit auf das Gegenteil, das Erwünschte, stelle es mir vor, lasse es ganz lebendig werden und gehe ganz hinein, um es bedingungslos zu erleben. Und ich erkenne dabei: Ich habe die Wahl. Ich kann sowohl das eine als auch das andere erleben.

Nun werde ich mir meines wahren Seins bewusst, identifiziere mich mit dem, der ich wirklich bin. Ich bin reine Existenz, bewusstes Sein. Ich bin von meinem wahren Wesen her eigenschaftslos, aber ich kann jede gewünschte Eigenschaft annehmen. Und nun treffe ich meine Wahl.

Noch einmal gehe ich ganz bewusst in das, was ich loslassen will, tauche ganz ein, werde eins damit, erlebe es mit meinem ganzen Sein. Ich erlebe bewusst den Raum, den es bisher in meinem Leben eingenommen hat und den es ausfüllt.

Ich atme einmal ganz tief ein, und während ich ausatme, verlasse ich bewusst diesen Raum, erlebe bewusst den Unterschied zwischen dem, was ich losgelassen habe, und meinem wahren Sein. Vergewissere mich, dass ich diesen Raum ganz verlassen habe und mich vollständig davon gelöst habe.
Als der, der ich wirklich bin, richte ich nun meine Aufmerksamkeit auf einen Aspekt meines Lebens, den ich erfahren möchte. Ich richte meine ganze Aufmerksamkeit auf das, was ich annehmen, was ich sein möchte. Erlebe mich in dem erwünschten Endzustand in immer neuen Situationen und nehme ihn so durch Identifikation in Besitz.
Ich bin, was ich sein möchte. Ich bin der bewusste Schöpfer meines So-Seins. Schaffe mir so die Eigenschaft oder Persönlichkeit, die ich sein will. Ich bestimme bewusst mein So-Sein.

Für die Zukunft säen

Viele Menschen glauben, dass die Ursache für ihre gegenwärtigen Lebensumstände in der Vergangenheit liegt. *Aber die Vergangenheit heißt so, weil sie vergangen ist.* Sie ist nicht mehr existent. Was von der Vergangenheit existiert, ist *die Erinnerung.* Und die existiert in der Gegenwart. Die Vergangenheit kann also nur so lange scheinbar meine Gegenwart bestimmen, solange ich die gleichen Überzeugungen beibehalte.

Was also wirklich meine Gegenwart schafft, sind meine Überzeugungen. Diese Überzeugungen bestimmen meine Zukunft, können aber in der Gegenwart jederzeit geändert werden. Und damit ändert sich auch meine Zukunft. Wir sind daher keineswegs Opfer der Vergangenheit, sondern haben *in jedem Augenblick die Wahl, durch neue Überzeugungen eine neue Zukunft zu schaffen.* Überzeugungen sind die Samen, die als meine Realität Wirkung entfalten. *Säen kann ich, was ich will – ernten aber muss ich, was ich gesät habe.* Es sei denn, ich säe bewusst neu.

Bei der *Zielklarheit* ist zu beachten, dass es nicht darauf ankommt, sich Ziele zu setzen, sondern es sollten auch die *richtigen Ziele* sein. Ein richtiges Ziel ist das, welches mit mir in diesem Augenblick *vollkommen übereinstimmt.* Außerdem ist darauf zu achten, dass meine Ziele miteinander *im Einklang* sind und sich nicht gegenseitig behindern oder gar aufheben. Wenn mein Ziel ist abzunehmen, kann ich nicht gleichzeitig oft und viel essen wollen.

Sie erkennen ein stimmiges Ziel auch daran, dass es Ihnen die Kraft zu seiner Verwirklichung gibt. Es löst *Begeisterung* aus, die Sie sicher ans Ziel bringt, und liefert die *Kreativität,* die Sie zur Verwirklichung Ihres Ziels brauchen. Achten Sie daher darauf, wie Sie sich fühlen, wenn Sie an ein bestimmtes Ziel denken. Prüfen Sie sorgfältig, welche Ziele Ihr Leben reicher und lebenswerter machen. Ein für Sie stimmiges Ziel erhält schon die Erfüllung, die Sie erleben werden, wenn Sie es erreicht haben.

Prüfen Sie auch, *ob Sie auf etwas zu oder von etwas weg leben.* Von etwas weg leben ist noch kein Ziel. Nur wenn Sie auf etwas *zu* leben, können Sie es erreichen. Versuchen Sie also nicht mehr, „nicht mehr so viel zu rauchen" oder „nicht mehr zu streiten", sondern *definieren Sie, was Sie wirklich wollen.*

Und noch einen Tipp für Ihren Erfolg: *Seien Sie jemand, den man einfach mag!* Das setzt voraus, dass Sie sich selbst mögen. Klären Sie für sich die Fragen:

- Was gehört dazu, dass man mich mag?
- Was sollte ich lassen?
- Was sollte ich mir abgewöhnen?
- Wie sollte ich mich verhalten, sprechen, mich kleiden, sein?

Vergessen Sie dabei vor allem nicht die Macht des Lächelns. Sogar am Telefon hört der andere, ob Sie lächeln oder bedrückt sind.

Lächeln Sie einmal, wenn Ihnen gar nicht danach zu Mute ist, und erleben Sie, was Ihr eigenes Lächeln bei Ihnen bewirkt. Sie werden überrascht sein.

Die Stimme des Erfolgs

Die Stimme ist *Ihre hörbare Visitenkarte.* Lernen Sie optimalen Gebrauch zu machen von dem Zauberinstrument Stimme. Das heißt nicht, so zu sprechen, wie ein anderer spricht, sondern über Ihre Stimme Ihre erfolgreiche Persönlichkeit zum Ausdruck zu bringen. *Die Kunst, Menschen zu überzeugen und für sich zu gewinnen, hängt in einem hohen Maße davon ab, wie Sie sprechen.*

Die Schulung Ihrer Stimme beginnt damit, dass Sie Ihre Stimme einmal bei verschiedenen Gelegenheiten *auf Tonband aufnehmen* und in Ruhe kritisch anhören. Es kann sein, dass Sie beim ersten Mal Ihre Stimme gar nicht erkennen. Mit Sicherheit aber fällt Ihnen sofort einiges auf, das gar nicht Ihrem eigenen Maßstab entspricht und geändert werden sollte. Ein Kassettenrecorder ist ein unbestechlicher und unentbehrlicher Helfer auf dem Weg zu Ihrer optimalen Stimme. Sie werden überrascht sein, wie vieles an Ihrer Stimme noch zu verbessern ist. Und ein weiterer Lehrer ist ein *Spiegel.* Denn man hört auch die Haltung, die Sie einnehmen. Nutzen Sie also beide Lehrer, um Ihre Stimme immer weiter zu optimieren.

Finden Sie auch Ihren *eigenen, unverwechselbaren Sprachstil.* Lernen Sie „subkutan" zu sprechen, das heißt so, dass das, was Sie sagen, wirklich „unter die Haut" geht. Das geschieht dadurch, dass Sie beim Sprechen *bewusst auf SENDEN schalten.* Und vorher natürlich mit dem anderen wirklich in Kontakt treten. Nicht nur zu ihm hin sprechen, sondern *in ihn hinein.*

Lernen Sie telefonieren. Denn meistens ist ein Anruf der erste Kontakt und Ihre Stimme der erste Eindruck, den der andere von Ihnen bekommt. Sorgen Sie dafür, dass Sie wirklich einen Eindruck hinterlassen. Sorgen Sie dafür, dass der andere Ihnen über Ihre Stimme wirklich begegnet.

Prüfen Sie einmal, *wohin Sie sprechen,* wenn Sie sprechen. Die meisten sprechen nämlich nur vor sich hin. Sprechen Sie also so, dass Sie den anderen energetisch wirklich erreichen, *dass Sie ihn berühren.*

Wen sprechen Sie an, wenn Sie zum anderen sprechen? Die Personen, den Verstand, das Gefühl, sein Ego oder ihn selbst? *Es wird der antworten, den Sie ansprechen.* Und das können Sie ganz bewusst bestimmen.

Als wer sprechen Sie, wenn Sie zum anderen sprechen? In welcher Identifikation sind Sie? Sorgen Sie dafür, dass Sie immer, wenn Sie sprechen, wirklich Sie selbst sind, der, der Sie wirklich sind.

Die meisten sprechen aus dem Verstand. Besser ist es, *aus dem erfolgten Erfolg heraus zu sprechen.* Aber auch ganz bewusst wahrnehmend und Wirklichkeits-verändernd zu sprechen. Das heißt, sich während des Sprechens bewusst zu machen, was Sie mit dem Gesagten bewirken. Was muss jetzt wie gesagt werden, um das Beabsichtigte zu erreichen? Und natürlich sollten Sie überzeugt sein von Ihrem Erfolg. Denn das Gesetz lautet: „Glaubt nur, dass Ihr erhalten habt, und es wird Euch werden.“

Das Paradoxon des Erfolgs

Machen Sie sich das Paradoxon des Erfolgs bewusst: Ich kann nur bekommen, wenn ich zuvor habe. Ich kann nur werden, was ich im Geiste schon bin. Und: Einem jeden geschieht nach seinem Glauben. *Das Leben kann Ihnen nichts geben, das Sie sich selbst verweigern.* Aber alles ist möglich, dem, der glaubt. Denn Glauben ist eine Wirklichkeit schaffende Energie. Glaube schafft Tatsachen.

Die Kunst der Begegnung

Lernen Sie *die Kunst des Händeschüttelns.* Das Händeschütteln ist eine in unserer Gesellschaft legalisierte Berührung, die auch mit völlig Fremden ganz natürlich praktiziert werden kann. Richtig angewandt, kann sie eine konstruktive Energie schaffen, kann Barrieren beseitigen, Misstrauen abbauen und ein positives Verhandlungsklima schaffen.

Es kann eine bewusste Vereinigung sein, wenn die Chance richtig genutzt wird. Das geschieht, indem Sie sich beim Händeschütteln *wirklich ganz auf den anderen einlassen,* den anderen gewissermaßen in einem Augenblick ganz mit sich erfüllen. Es entsteht so ganz automatisch eine Übereinstimmung der Energien, die sich auf die Ausrichtung der Absichten auswirkt, mögen sie vorher noch so unterschiedlich gewesen sein. Über den Händedruck können Sie den anderen im Innersten berühren und *für sich einnehmen.* Man bescheinigt ja einigen Menschen, dass sie ein einnehmendes Wesen haben. Wenn Sie die Kunst des Händedrucks richtig nutzen, gehören Sie ab sofort dazu. Dabei darf der Händedruck nie zu lange dauern, und er sollte kurz, aber erfüllend sein.

Aber auch *im Gespräch* können Sie die Möglichkeit nutzen, den anderen wirklich zu berühren. Das kann mit ganz belanglosen Worten geschehen. Die begleitende Energie ist entscheidend. Diese Berührung sollte vor allem im richtigen

Augenblick geschehen, denn alles muss stimmen, sonst stört sie eher. Eine solche *innere Berührung* aber vermittelt Vertrauen, Fürsorge und Anteilnahme.

Eine andere wichtige Möglichkeit für eine solche innere Berührung ist *der Augenkontakt.* Die Weigerung, einen solchen Augenkontakt herzustellen, kann Arroganz und Verachtung ausdrücken. Auch hier sind die Spielregeln genau einzuhalten, die zudem durch die jeweilige Kultur unterschiedlich geprägt sein können. Mitunter spielt auch der Status eine Rolle. Aber generell gilt, dass ein warmherziger Blickkontakt eine Beziehung schafft und verstärkt.

Das Geheimnis des zweiten Eindrucks

Viele kennen *das Geheimnis des ersten Eindrucks,* die Wichtigkeit der ersten sieben Sekunden einer Begegnung, in denen dieser erste Eindruck entsteht. Aber kaum jemand kennt das Geheimnis des zweiten Eindrucks. *Denn ganz gleich, wie der erste Eindruck ausgefallen ist: Jeder hat immer eine zweite Chance.*

Dieser zweite Eindruck kann sofort nach dem ersten geschaffen werden oder beim nächsten Treffen. Spätestens aber dann vertieft sich der erste Eindruck zur bleibenden Meinung. War der erste Eindruck ungünstig, kann ich beim zweiten Mal durch bewusstes, liebevolles Sein diesen Eindruck korrigieren. Entscheidend beim zweiten Eindruck ist *die Ehrlichkeit dessen, was ich sage oder tue.* Wenn ich dann meinem Gegenüber ein Kompliment mache, muss das meiner inneren Überzeugung entsprechen, sonst bewirkt es das Gegenteil. Ich bin also gezwungen, mein Bewusstsein dafür auf die positiven Seiten des anderen zu richten, herauszufinden, was mir an ihm wirklich gefällt. Und bei genauem Hinschauen können Sie bei jedem Menschen Dinge feststellen, die lobenswert sind und von denen Sie lernen können.

Der zweite Eindruck besteht also im Wesentlichen darin, sein Bewusstsein auf *die positiven Seiten des anderen zu richten, aber diese nicht nur wahrzunehmen, sondern sie ihm auch in liebevoller Form zu sagen.* Das sollten Sie übrigens auch öfter mit Ihrem Partner tun. Es genügt nicht, dass Sie ihn lieben, Sie sollten es ihm auch immer wieder sagen.

Das Gleiche sollten Sie mit jedem machen, dem Sie begegnen. Finden Sie immer wieder neue positive Seiten an ihm, und sagen Sie es ihm. Indem Sie ihn auf seine positiven Seiten aufmerksam machen, wird er sich in Ihrer Gegenwart wohl fühlen. Sogar besonders wohl fühlen. Und er wird Sie schätzen und es Sie spüren lassen. Tief innen hat er das Gefühl, Ihnen etwas zu schulden. Und Sie können zu gegebener Zeit davon Gebrauch machen. Tief innen wird es ihm ein Bedürfnis sein, gewissermaßen seine Schuld zu tilgen, obwohl eine solche Schuld nie bestanden hat. Es ist dem anderen eine Freude, Ihr liebevolles Verhalten entsprechend vergelten zu können, und Sie tun ihm einen Gefallen, wenn Sie ihm Gelegenheit dazu geben.

Sobald Sie das aber aus Berechnung tun, entbehrt es der Ehrlichkeit und bewirkt das Gegenteil.

Aber bei genauem Hinschauen werden Sie bei jedem immer wieder neue positive Eigenschaften finden, so dass Sie diesen zweiten Eindruck ständig vertiefen können.

Gewinnen kann man lernen

Gewinner haben alles, was sie wollen, Erfolg, Freunde, Erfüllung. Manchen wird das Gewinnen in die Wiege gelegt, aber jeder kann es lernen. *Gewinner erkennt man schon am Start, Verlierer aber auch.* Und doch kann sich jeder in jedem Augenblick von einem Verlierer zu einem Gewinner entwickeln.

Manche Menschen haben schon als Baby Pech, sie stoßen sich überall, bekommen jede Krankheit und fallen über alles, was herumliegt. Später fahren sie sich ständig Beulen ins Auto und werden bei Beförderungen immer wieder übergangen. Andere haben das Glück scheinbar gepachtet, was sie anfassen, gelingt und wird ein Erfolg. Sie wissen einfach, dass sie es schaffen. Und so schaffen sie es dann auch. Und bei alledem gehen sie noch den Weg der Freude.

Wenn Sie als Gewinner geboren sind, haben Sie zwar die besseren Startbedingungen, aber *Gewinnen kann man auch lernen.* Man kann die innewohnende Souveränität, die zum Gewinnen notwendig ist, entwickeln.

Gewinner schauen immer nach vorn, schließlich wollen sie da ja auch hin. Und wenn sie jemanden anschauen, dann bewirken sie etwas im anderen. Sie sind lernfähig und innovativ und lernen aus ihren wenigen Fehlern, denn sie haben erkannt, dass Fehler viel hilfreicher sind als Erfolge. Und sie sind nicht problem-, sondern lösungsorientiert.

Vor allem aber haben sie *ihre Überzeugungen optimiert.* Denn aus Überzeugungen wird Realität. Sie haben Genie und Charisma, und ihr Optimismus ist grenzenlos. Und weil sie wissen, dass sie es ja doch wieder schaffen, schaffen sie es auch immer wieder. Sie haben einfach die richtige Lebenseinstellung. Und die sollten Sie auch haben.

Gewinner schaffen ihren Erfolg. Sie sind achtsam und nehmen die Situation wirklich wahr und erkennen, was zu tun ist. Sie werden nicht unverschuldet arbeitslos, verlieren nicht unerwartet einen wichtigen Kunden, und sie werden bei der Beförderung nicht übersehen. *Sie fischen dort, wo die Fische sind, und nicht da, wo sie bequem stehen können.* Und sie wissen: Der Köder muss dem Fisch schmecken und nicht dem Angler. Sie sind *zielorientiert* und gestalten ihre Zukunft stets nach ihren Wünschen.

Vor allem aber sind sie lernfähig und erkennen aus dem Heute, was sie morgen besser machen könnten. Sie überlegen ständig: Was mache ich heute besser als gestern? Und was kann ich morgen besser machen als heute? Auch Gewinner können in Konkurs gehen oder geschieden werden. Was sie zum Gewinner macht, ist ihre Art, mit solchen Situationen umzugehen. Sie wissen, dass *nur derjenige Spuren hinterlässt, der von ausgetretenen Wegen abweicht.*

Natürlich sollte man an seinen Erfolg auch glauben. Denn wer lange genug daran glaubt, *keinen* Erfolg zu haben, der schafft es auch irgendwann einmal tatsächlich, erfolglos zu sein. Allerdings bedarf es auch hier einiger Wiederholungen. *Ohne Anstrengungen klappt es auch mit dem Misserfolg nicht, aber letztlich klappt es zuverlässig.*

Auf dem Weg zum Erfolg gibt es auch *keine Fehler oder Misserfolge.* Vielmehr sind dies Botschaften des Lebens, dass es so nicht geht. Wenn Sie genau hinschauen, können Sie sogar *aus diesen Botschaften erkennen,* wie es gehen könnte.

Erwarten Sie auf Ihrem Weg zum Erfolg *keine Zustimmung von Ihrer Umgebung.* Im Gegenteil: Wenn Ihre Freunde die Hände über den Kopf zusammenschlagen und sagen: „Das kannst du doch nicht machen!“ oder wenn Sie aus dem Verein ausgeschlossen werden und der Briefträger Sie nicht mehr grüßt, sind Sie wahrscheinlich auf dem richtigen Weg.

Denn Erfolg ist vor allem etwas, das erfolgt, wenn jemand sich selbst folgt – und nicht der Meinung und Erwartung seiner Umgebung.

Dabei stellt sich der Erfolg wie von selbst ein, wenn man etwas mit Disziplin, Überzeugung, sowie voller Begeisterung tut, zu der sich dann vorübergehend auch Fleiß gesellen kann, wenngleich der alleine nicht zum Erfolg führt. Wenn Sie eine Sache wirklich gern tun, dann tun Sie sie auch gut. Und wer seine Sache gut macht, der hat auch Erfolg. Fangen Sie einfach da an, wo Sie wirklich gut sind. Und vor allem, wo es Ihnen Freude macht. *Denn Freude ist ein nicht zu unterschätzender Erfolgsfaktor.* Und verlieren Sie keine Zeit mehr. Beginnen Sie genau jetzt!

Vorausgesetzt, Sie wissen, was Sie wollen. Denn *wer nicht weiß, wohin er will, der ist überall falsch.* Konzentrieren Sie alle Energie auf das für Sie Wesentliche. Und erwarten Sie, dass der Erfolg dann erfolgen muss. Das tut er dann auch.

Übereinstimmung mit sich selbst ausstrahlen

Die moderne Physik beschreibt den Menschen – wie schon gesagt – als ein Energiefeld unterschiedlicher Stärke und Schwingung, das messbar und damit wissenschaftlich nachweisbar ist. Dieses nun wissenschaftlich nachgewiesene Energiefeld beschreiben Hellsichtige seit Jahrtausenden als *Aura, die jeden Menschen umgibt.*

Wie in der Einleitung angesprochen, wird dieses Energiefeld durch jeden Gedanken verändert und kann so in seiner Wirkung beeinflusst und bestimmt werden. Ein negativer Gedanke kann nur eine negative Wirkung hervorbringen, und ebenso zuverlässig bringt ein positiver Gedanke eine positive Wirkung hervor und bewirkt damit eine andere Ausstrahlung.

Diese Ausstrahlung wird von anderen als Sympathie oder Antipathie wahrgenommen, und sie reagieren entsprechend darauf, meist sogar unbewusst. *Das Geheimnis einer überzeugenden positiven Ausstrahlung ist die Übereinstimmung mit sich selbst.* Diese Übereinstimmung ist kein Ergebnis des Zufalls, sondern der konsequenten und aktiven Entwicklung der Persönlichkeit. *Bewusstes Charismatraining* führt zur Entwicklung einer Kompetenz, die für die Bewältigung der Zukunft sehr wichtig ist. Ich wähle bewusst, welches Charisma ich wünsche: Will ich überzeugend sein oder mitreißend, begeisternd, beeindruckend oder erfolgreich – oder alles gleichzeitig?

Machen wir das gleich einmal praktisch:

Übung: Charismatraining

Es beginnt damit, dass ich bewusst meine jetzige Ausstrahlung wahrnehme. Ich erlebe einmal meine Ausstrahlung energetisch, optimiere und steigere sie.
Und nun treffe ich meine Wahl, was ich ausstrahlen möchte. Ich strahle jetzt einmal ganz bewusst eine bestimmte Energie aus – z.B. Sympathie. Seien Sie jetzt einmal ganz bewusst sympathisch. Wie man das macht? Ganz einfach. Sie werden sympathisch, indem Sie den anderen bewusst sympathisch finden. Im gleichen Augenblick werden auch Sie sympathisch.

Ein Erfolgstagebuch führen

Ein anderer wichtiger Schritt: Führen Sie ein Erfolgstagebuch. *Nichts baut das Erfolgsbewusstsein schneller und sicherer auf als Ihr persönliches Erfolgstagebuch.*

Notieren Sie: Was haben Sie heute erfolgreich durchgeführt? Wem haben Sie heute ein Kompliment gemacht? Wer hat Ihnen wofür heute ein Kompliment gemacht? Was hätten Sie heute tun können, um sich ein Kompliment zu verdienen? Und machen Sie sich selbst öfter einmal ein Kompliment. Wen haben Sie heute aufgerichtet? Lassen Sie nicht zu, dass jemand nicht glücklicher ist, nachdem er das Glück hatte, Ihnen zu begegnen. Weshalb ist es ein Glück, Ihnen zu begegnen? Schreiben Sie auch Kleinigkeiten auf, alles, was Ihnen gut gelungen ist. Wenn Ihnen nur wenig einfällt, zeigt das nur, dass *Ihr Selbstbewusstsein optimiert werden sollte.* Ihr Erfolgstagebuch zeigt Ihnen erst, wie gut Sie schon sind. Durch das Führen Ihres Erfolgstagebuches richten Sie Ihr Bewusstsein immer wieder auf Ihren Erfolg. Und dadurch verursachen Sie noch mehr Erfolg.

Den Erfolg bewusst aussenden

Ich kann Erfolg bewusst aussenden, indem ich meine Aufmerksamkeit auf mich richte und einmal ganz bewusst meine Resonanz und was ich damit im anderen auslöse wahrnehme, also meine Energie, meine Schwingungsqualität und die Entsprechung in der Realität. Ich nehme wahr, *welche Umstände ich damit in mein Leben ziehe.*

Ich kann aber auch von den Umständen ausgehen und mir bewusst machen, in welcher Schwingung ich sein muss, um genau das zu verursachen. Wenn mir etwas an meinen Lebensumständen nicht gefällt, dann muss ich die entsprechende Energiequalität in mir ändern, damit ich das Erwünschte hervorrufe.

Es sind also meine Einstellungen, meine Wünsche, meine Überzeugungen, Erwartungen und Glaubenssätze, und zwar vor allem die unsichtbaren, die das hervorrufen, was ich als Realität erlebe. Nicht zu vergessen auch meine Widerstände, meine Ablehnungen, meine Ängste, *die genau das anziehen, was ich nicht will.* Einfach weil ich durch meine Ablehnungen und meinen Widerstand meine Aufmerksamkeit darauf gerichtet halte. Und worauf ich meine Aufmerksamkeit richte, dorthin fließt meine Schöpfungskraft. Aus der Summe all dieser Faktoren entsteht so meine einmalige energetische Ausstrahlung. Und die wiederum bewirkt nach dem Gesetz der Resonanz mein Schicksal. Ich bin also ein sich ständig veränderndes Energiefeld, das wie eine Informationseinheit wirkt, und bewirkt, was immer ihr entspricht. *Nach dem Gesetz der Resonanz ziehe ich das an, was ich ausstrahle.*

Wenn mir daher meine Wirkung nicht gefällt, kann ich einmal meine Frequenz ändern und sehen, was meine veränderte Ausstrahlung in der Realität bewirkt, und prüfen, ob mir das gefällt und entspricht. Wenn nicht, kann ich es so lange ändern, bis mir die Wirkung gefällt.

Ich brauche dazu nicht so lange zu warten, bis diese Wirkung im Außen in Erscheinung tritt, sondern kann eine Möglichkeit der Zukunft zunächst einmal ausprobieren und testen und *in der Vorstellung sehen, ob ich das wirklich will.* Und erst dann bei dieser Ausstrahlung bleiben, um das Ergebnis im Außen zu erleben. Ich schaue also in meiner Vorstellung, was passiert, wenn ich so bin. Und rufe die entsprechende Realität erst dann in Erscheinung, wenn ich mit dem Ergebnis wirklich zufrieden bin. Ich kann also vorab in der Vorstellung erleben, was kommen würde, wenn …

Es ist wie bei der Fernbedienung vom Fernsehen. Ich kann zappen, blättern, kann einmal kurz hineinschauen, was in einem Programm läuft, was kommt, wenn ich einen anderen Knopf drücke, was auf jeder Frequenz läuft. Und wenn mir das Programm entspricht, bleibe ich dabei.

Das Leben genießen

Als Erfolgs-Persönlichkeit sollten Sie Ihr Leben wirklich genießen. *Also stellen Sie Ihre Sinne jetzt auf Genuss ein!*

Können Sie Ihr Leben wirklich genießen? Erleben Sie bewusst die vielen Kleinigkeiten, die jeder Tag bietet? Erkennen Sie jeden Tag als ein neues Abenteuer, das noch nie da war, aber auch nie wiederkommen wird? Für manche Menschen ist das Wort „Genuss" negativ besetzt. Das sollte nicht sein. *Denn das Leben ist als Genuss und Freude gedacht.* Also fangen Sie gleich jetzt an, wirklich jeden Augenblick zu genießen.

Genuss ist nicht abhängig von den Umständen, sondern von unserem Umgang damit. *Alles ist immer so leicht oder so schwer, wie ich es nehme.* Mein Leben ist so schön, wie ich es mir mache. Die Leichtigkeit des Seins beginnt genau jetzt. Sie können jetzt anfangen, jeden Augenblick zu genießen. Auch die schwierigen Szenen im Film des Lebens.

Lernen Sie auch *die Kunst des Zelebrierenes.* Das bedeutet, allem Tun durch die eigene Aufmerksamkeit einen ganz besonderen Wert zu geben. Was müsste geschehen, um sagen zu können, das Schönste in meinem Leben ist zu leben?

Dazu gehört auch *die geistige Haltung der heiteren Gelassenheit.* Erkennen Sie, dass das Leben ein Spiel ist, bei dem Sie nur gewinnen können. In diesem Spiel ist es ganz gleichgültig, ob Sie gewinnen oder verlieren. Denn in diesem Spiel haben Sie die Chance, durch einen Verlust mehr zu gewinnen, als Sie durch einen Gewinn gewinnen können. Denn es ist nicht entscheidend, was geschieht, entscheidend ist, wie Sie damit umgehen. Bei allem sollten Sie nie vergessen, dass es in Wirklichkeit ein Spiel ist, das Ihnen zur Freude gespielt wird.

Wann immer Sie sich nicht freuen, machen Sie gerade etwas falsch. Aber Sie haben in jedem Augenblick die Chance, es zu ändern. Sie können alles immer in jedem Augenblick ändern. Denn Sie sind der Schöpfer aller Umstände.

Aus dieser inneren Gelassenheit heraus können wir nicht nur bewusst tun, was zu tun ist, wir können so auch stets vorausdenken und die Umstände klären, bevor sie eingetreten sind. Bevor ein Gewitter kommt, ziehen sich die Wolken zusammen, donnert es vielleicht; und Sie können sich daher gut darauf einrichten, aus welcher Richtung das Gewitter kommen wird.

Und die Freude am eigenen Tun führt dazu, dass man das, was man tut, auch gut tut. Wenn man wirklich etwas gut macht, dann ist man damit auch erfolgreich. So wird *Ihre Freude zu einem direkten Weg zum Erfolg.*

Seien Sie ein Segen für jeden, der das Glück hat, Ihnen zu begegnen!

Erfolg auf neue Art lernen: Alles sofort vollziehen!

Erfolg kann man lernen. Man kann sogar lernen, *in jedem einzelnen Fall* Erfolg zu haben. Man kann lernen, seinen Lebenserfolg *unvermeidlich* zu machen.

Es gibt Lernmethoden, die mühsam sind, und Lernmethoden, die ein müheloses Lernen erlauben. Ich empfehle Ihnen, Ihren *Erfolg mühelos zu lernen.* Denn das ist letztlich auch der Weg der Meisterschaft. *Meisterschaft zeigt sich in der Mühelosigkeit.* Wir können meisterhafte Mühelosigkeit nur erreichen, wenn unser Weg selbst mühelos und voller Freude ist. Schon der erste Schritt auf dem Weg zur Meisterschaft sollte meisterhaft sein.

Lernen am Vorbild

Der kürzeste Weg zum Erfolg ist, sich *die Erfahrungen und Erkenntnisse erfolgreicher und weiser Menschen anzueignen* und sie in das eigene Leben individuell einzubauen. Es gibt unzählige vom Schicksal begünstigte Menschen, die alle Voraussetzungen, Begabungen und Möglichkeiten für ein erfolgreiches und erfülltes Leben haben, aber sie vertun ihre Zeit mit allen möglichen *Zerstreuungen.* Andere wieder haben nur einen Bruchteil der Talente und Erfolgsmöglichkeiten, nutzen diese aber konsequent und bringen es so zum Meister ihres Faches. Es ist also nicht entscheidend, unter welchen Umständen wir leben, sondern *wie wir damit umgehen und was wir daraus machen.*

So war *George Bernhard Shaw* in der Schule schlecht in Rechtschreibung, und *Albert Einstein* wurde gar der Schule verwiesen, weil er geistig träge gewesen sei. *Dale Carnegie* kam aus so ärmlichen Verhältnissen, dass er nicht einmal die nötige Schulkleidung hatte, und wurde doch einer der bekanntesten Erfolgsautoren und Lebenslehrer.

Das erinnert mich an eine kleine Geschichte:

In einer Kleinstadt hatte sich der Schulrat in der Grundschule angesagt, blieb aber unterwegs stehen, weil sein Auto streikte. Während der Schulrat noch ziemlich ratlos vor seinem Auto stand, kam ein Schuljunge vorbei, sah den hilflosen Mann und fragte, ob er helfen könne. In seiner Not meinte der Schulrat: „Verstehst du denn etwas von Autos"? Der Junge redete nicht lange, ließ sich Werkzeug geben, hantierte eine Weile unter geöffneter Motorhaube und bat, den Wagen einmal zu starten, und er lief wieder. Der Schulrat bedankte sich bei dem Jungen, wollte dann aber doch wissen, warum er zu dieser Zeit nicht in der Schule sei. „Nun", meinte der Junge, „heute kommt in unserer Schule der Schulrat zu Besuch, und weil ich der Dümmste in der Klasse bin, hat mich der Lehrer nach Hause geschickt."

Es ist nicht bekannt, was aus dem Jungen geworden ist, aber mit Sicherheit kann man sagen, dass er seinen Weg gemacht hat, denn *er wusste, was er wollte, und er machte sich auch an unerwartete und unbekannte Aufgaben heran.*

Vieles wird nur deswegen nicht erreicht, weil es nie versucht wurde. Wir brauchen uns nur bewusst zu machen, wo unsere *Gaben* liegen, dann wissen wir auch, wo unsere *Aufgaben* liegen. Wenn wir dann noch die Zeit nutzen, dann sind wir schon auf der Straße des Erfolgs. Denn wie heißt es schon in der Bibel: *„Noah baute seine Arche bei schönem Wetter."*

Heute ist beim Erfolgslernen eine *Änderung des Bewusstseins* erforderlich. Vom zeitaufwendigen Lernen *zum sofortigen Vollziehen im Bewusstsein.* Das ganze Leben wird *zum sofortigen Lernprozess,* Sie sind so ständig auf dem neusten Stand. *Leben und lernen in „Punktzeit".*

Die neue Art des Lernens

Die bisherige Art des Lernens besteht aus zuhören, auswählen, merken. Oder aufschreiben, sortieren, bewerten und durcharbeiten. Alte Gewohnheiten abgewöhnen, neue Gewohnheiten angewöhnen, sich allmählich umgewöhnen und endlich handeln. Dabei wird vieles vergessen, oder wir wissen es zwar, aber tun es nicht. Wir bekommen ein schlechtes Gewissen und fangen irgendwann wieder von vorn an.

Die neue Art des Lernens ist viel einfacher und vor allem wirkungsvoller: *1. hinhören* (offen und vorurteilsfrei wahrnehmen), *2. „er-innern"* (verknüpfen mit der inneren Lebensweisheit), *3. SEIN.*

Lernen findet im traditionellen Sinne gar nicht mehr statt. *Alles wird sofort Teil des eigenen Bewusstseins.* Und wenn wir *aus dem Bewusstsein* leben oder besser noch *als Bewusstsein* leben, sind wir immer auf dem neuesten Stand.

Da ist genau genommen gar nichts mehr zu lernen oder zu verlernen, nichts zu üben, und nichts kann vergessen werden, es stimmt einfach.

Die sieben Schritte vom Hinhören über das Erinnern zum Sein

Die *neue Art des Lernens* kann in diese sieben Schritte zusammengefasst werden:

1. Die *Information* richtig aufnehmen, d.h. *offen* hinhören. Verstehen, was gesagt wurde und was gemeint ist. Der Verstand ist bereit für immer „neue" Informationen.
2. Die neuen Informationen als neues *Wissen* abspeichern. Die Sackgasse vermeiden: „Das weiß ich schon." Die Frage ist, ob ich das Wissen jetzt lebendig werden lasse.

3. Das Wissen zur *Erkenntnis* verdichten: Was bedeutet das *für MICH?* Damit wird das Wissen *individuell und persönlich.*
4. Die *Konsequenzen* aus meinen Erkenntnissen ziehen. Sich die Konsequenzen zunächst theoretisch *bewusst* machen. Die Konsequenzen *praktisch im Leben umsetzen.* Eventuelle Hindernisse und Blockaden erkennen und beseitigen.
5. Das führt zu *ständigen Veränderungen in meinem Leben,* bis hin zur Erleuchtung. Ich muss also *meinen individuellen Weg* und die für mich besten Schritte finden. Diese Schritte muss ich auch tun, den Weg auch gehen.
6. Das führt zu neuen *Gewohnheiten.* Ich muss dabei aber auch alte Gewohnheiten auflösen und loslassen. Ich lasse mich durch *bestimmte Signale (Auslöser, Anker)* an neue Gewohnheiten erinnern: Wenn die Uhr jede Stunde piepst, immer wenn ich durch eine Tür gehe, dann …
7. Zum Vorbild werden. Wenn ich den Weg gefunden habe und erfolgreich gehe, *werde ich so selbst zum Vorbild.* Dann lebe und lehre ich das, was ich weiß – lebe – BIN! *Das ist dann „gelebte Weisheit". Das bedeutet,*

ICH BIN so die „Inkarnation" dessen,
was ich lehre.

Erfolgskontrolle

Bitte beantworten Sie folgende Fragen in knappen Worten, am besten schriftlich:

- Wie unterscheidet sich die neue Art des Lernens von der alten?
- Was ist das „Paradox“ der neuen Art des Lernens?
- Wie lauten die sieben Schritte von der Aufnahme neuer Informationen bis zur gelebten Weisheit?
- Was bedeutet der Satz: „Ich bin die *Inkarnation* (wörtlich: Fleischwerdung) dessen, was ich lehre“?
- Welche Schlussfolgerungen ziehen Sie JETZT daraus für Ihren Erfolgsweg?

Schon am Start eine Erfolgs-Persönlichkeit sein!

Es gibt ein geistiges Gesetz, das besagt: *„Am Anfang steht das Ergebnis schon fest."* Es ist nur eine andere Formulierung des Gesetzes von Ursache und Wirkung.

Mit anderen Worten: Wenn ich Kraut und Rüben säe, kann ich keinen Weizen ernten. Am Anfang, bei der Saat, steht schon fest, was ich ernten kann, ernten muss und ernten werde. *Ich habe alle Freiheit zu wählen, was ich säen will.* Aber ich habe keine Freiheit bei der Ernte mehr. Dann kann ich nur ernten, was ich gesät habe. Deswegen ist es für ein Leben als erfolgreiche und charismatische Persönlichkeit – in welchem Ausbildungsbreich auch immer – so wichtig, zu Beginn dieses Lebens *das Saatgut bedacht-sam (= des Samens bedacht!) auszuwählen.*

Deswegen sollten wir hier *besondere Achtsamkeit* darauf verwenden, *gleich den richtigen Samen* zu setzen.

Machen Sie sich bewusst, dass Ihr Potenzial grenzenlos ist! In Ihnen steckt eine erfolgreiche, charismatische Persönlichkeit. Treten Sie JETZT als die Persönlichkeit hervor, die Sie in Wirklichkeit sind.

Die Bewusstseinsinhalte, die dafür zu entfalten sind, spreche ich in diesem Buch an:

- Den Schritt von der Person zur „Persönlichkeit" vollziehen
- In ständiger Zielklarheit leben
- Das Charisma, die Erfolgsaura zum Leuchten bringen
- In Kongruenz und integer sein

- Die neue Art des Lernens praktizieren: Erfolg mühelos und meisterhaft lernen
- Kleine Dinge groß (= meisterhaft) tun. Auch das Kleinste ist wert, meisterhaft getan zu werden. So das Leben „zelebrieren" und genießen
- Höheres „Lesen" und „Zuhören" lernen
- Den Sinn des eigenen Lebens bestimmen
- Seiner Vision folgen und so „stimmig" leben
- Wirklich „MEIN" Leben leben (Die meisten Menschen sterben, ohne je gelebt zu haben.)
- Sich magnetisch und resonanzfähig für den Lebenserfolg machen
- Ein Wohlstandsbewusstsein schaffen
- Die richtigen Prioritäten im Leben setzen
- Loslassen – und damit gelassen sein
- Die Stimme schulen: Stimmschulung ist der schnellste Weg zum Erfolg
- Das gesprochene und geschriebene Wort als „Wirklichkeit schaffende Kraft" erkennen und nutzen
- Mir mein Selbstbild bewusst machen und optimieren
- Durch die „Lebens-Bilanz" Inventur machen
- Revision des Unerwünschten durch mentales Umerleben durchführen
- Vorauserleben des Erwünschten durch Imagination bewirken
- ALLE Lebensumstände neu bestimmen
- Vom linearen über das holistische zum universellen Denken kommen
- Bewusst „auf Sendung gehen" und bleiben
- Leben als „ICH BIN"

Gehen Sie jetzt bitte diese einzelnen Punkte noch einmal durch, und markieren Sie zu jedem Punkt am Rand:

R habe ich weitgehend *realisiert*

W ist mir jetzt besonders *wichtig*

L möchte ich *lernen*

? sagt mir nichts

Nach der Lektüre des Buches sollten Sie diese grobe Bewertung noch einmal mit dem dann Erreichten vergleichen!

Ich BIN Erfolg

Ich empfehle Ihnen an dieser Stelle meine Meditationskassette „Ich bin Erfolg". Sie ist eine ausgezeichnete Hilfe, den inneren Zugang zu Ihrer Erfolgs-Persönlichkeit zu bekommen, zu Ihrem wahren Wesen.

Ich gebe hier den Text der Meditationskassette wieder, um Sie mit ihrem Inhalt vertraut zu machen. Sie können sich die Meditation natürlich auch selbst auf Kassete sprechen. Eine noch größere Wirksamkeit kann jedoch die Original-Hörkassette entfalten. Denn die Meditation richtet sich nicht an den Verstand, der den Text einfach nur ablesen würde. Die Original-Meditation ist ein Energiefeld von Sprache und Musik, die Ihr wahres Wesen erreichen kann.

Ich empfehle Ihnen, diese Kassette mindestens an 21 Tagen hintereinander zu hören. Die Zahl 21 ist bei der Veränderung von Gewohnheiten eine magische Zahl.

Meditation: Ich bin Erfolg

Ich nehme mir jetzt ganz bewusst Zeit für mich selbst.
Ich bin bereit, mir selbst zu begegnen.
Ich entscheide mich jetzt ganz bewusst,
mir selbst Aufmerksamkeit zu schenken.
Ich bin einfach da.
Ich bin.

Wann immer ich bereit bin,
schließe ich meine Augen und gestatte meinem Körper,
vollkommen bewegungslos zu sein.
Ich mache mir bewusst, wer ich wirklich bin.
Ich spüre in mich hinein und nehme mich wahr.
Ich spüre meinen Körper
und atme ganz bewusst ein und aus.
Und mit jedem Atemzug spüre ich mehr Ruhe und Stille.
Ich erlebe den Frieden in mir.
Ich BIN.

Ich bin ein Teil des einen allumfassenden Bewusstseins.
ICH BIN.
Ich bin mehr als mein Körper, mehr als mein Verstand.
ICH BIN.
Ich bin mehr als mein Gefühl, mehr als mein Ego.
ICH BIN.
Ich bin nicht der Name, den ich trage,
und auch nicht die Rolle, die ich spiele.
ICH BIN.
Ich bin ewiges Bewusstsein.
Ich bin, der ich bin, ewige Gegenwart.
ICH BIN.
Und als der, der ich wirklich bin,
schaue ich jetzt einmal auf die Aspekte meines Seins,
auf meinen Körper, den ich bewohne als der, der ich bin,
auf meine Erinnerungen, die ich gesammelt habe,
aber ICH BIN,

auf meine Verhaltensmuster, die ich angenommen habe,
aber ICH BIN,
auf meine Rolle, die ich spiele,
die das ICH BIN spielt.
Ich mache mir die Maske bewusst,
Die das ICH BIN trägt.
Und das Ich, das ich nach außen darstelle.
Und das Selbst, das ich dahinter bin, das Selbst,
das ich wirklich bin.
Ich bin, der ich bin. ICH BIN.
Ich BIN.

Ich öffne jetzt die Tore der Wahrnehmung
und erlebe die Unendlichkeit des geistigen Raumes.
Mein Bewusstsein öffnet sich ganz weit – ganz weit.
Ich werde immer weiter – weiter – grenzenlos – allumfassend.
Ich öffne mich nach oben wie ein Observatorium –
wie eine Lotusblüte, die sich entfaltet –
bis ich ganz geöffnet bin.
Ich bin und bleibe ganz offen.
Höchstes Bewusstsein strömt über mein Scheitelchakra
über mich ein
und erfüllt mein ganzes Sein.
Ich spüre, wie es mit mir verschmilzt.
Ich bin eins mit dem höchsten Bewusstsein,
bin eins mit dem Höchsten.
ICH BIN.
Ich erlebe jetzt ganz bewusst diesen Augenblick,
die Ewigkeit des ICH BIN.
Ich bin einfach da,
beobachte meinen Atem,
wie er kommt und geht.
Und ICH BIN.
Das Leben fließt durch mich als ICH.
Und ICH BIN.

Aber wie bin ich? Wer bin ICH? Was bin ich?
Ich bin nicht wer oder was.
ICH BIN.
Die eine Gegenwart, die ich bin,
lebt in mir und wirkt durch mich als Ich.
Sie tritt in Erscheinung als die Summe der Erfahrungen,
die ich gemacht habe,
die Summe der Prägungen, die ich erfahren habe,
als das Ideal, das mir vorschwebt.
Aber das ist nur die Erscheinung.
Ich aber bin.
Bin der eine, der alles ist.
Ich BIN.
Ich erkenne mich als der, der ich wirklich bin,
und mache mir bewusst, dass ich gar nicht anders kann,
als das zu sein, was ich in Wirklichkeit bin.
ICH BIN.
Ganz gleich, was ich denke zu sein,
ich kann mich in jedem Augenblick
mit mir selbst identifizieren,
mit der Wirklichkeit, die ich bin, mit ICH BIN.
Ich BIN.

Ich bin ein Teil des Ganzen und das Ganze.
Ich bin der stille Beobachter des Lebens,
schaue zu, wie SEIN durch mich geschieht,
und erkenne, ICH BIN und SEIN geschieht.
Es gibt nichts zu tun, nichts zu erreichen.
Ich brauche nur noch zu SEIN.
ICH BIN.
In diesem Zustand des ICH BIN erkenne ich die Wirklichkeit.
Ich bin das Leben. *Ich bin das Leben.*
Ich bin der Ursprung allen Seins. *Ich bin der Ursprung.*
Ich bin die Quelle aller Manifestationen. *Ich bin die Quelle.*

Ich bin der Schöpfer meines Lebens. *Ich bin der Schöpfer.*
Ich erreiche, was immer ich will. *Ich bin Schöpfer.*
Ich bin das Ziel. *Ich bin das Ziel.*
Ich bin die Erfüllung meiner Wünsche.
Ich bin meine Erfüllung.
Ich lebe in der Fülle. *Ich bin in der Fülle.*
Ich bin Schöpfer. *Ich bin Schöpfer.*
Ich bin Erfüllung. *Ich bin Erfüllung.*
Ich bin Fülle. *Ich bin Fülle.*
Ich bin mein Freund. *Ich bin mein Freund.*
Ich bin die Quelle. *Ich bin die Quelle.*
Ich sehe meine Erfüllung. *Ich bin meine Erfüllung.*
Ich erlebe meine Erfüllung. *Ich bin Erfüllung.*
Ich bin erfüllt. *ICH BIN ERFÜLLT.*
Ich bin am Ziel. *Ich bin am Ziel.*
Alles ist in mir. *Ich bin das Ziel.*
Ich bin, der ich bin. *Ich bin, der ich bin.*
Ich bin. ICH BIN.
Wann immer ich möchte,
mache ich mir diese Wirklichkeit bewusst.
Ich bin der Schöpfer.
Ich bin der Schöpfer all dessen, was ich bin und erlebe.
ICH BIN.
Ich BIN.
In dem Bewusstsein, das ich bin,
kehre ich nun ganz behutsam wieder zurück
an die Oberfläche des Seins,
bleibe aber in dem Bewusstsein, das ICH BIN.
Ich spüre jetzt ganz bewusst meinen Körper
und atme tief ein und aus.
Wann immer ich bereit bin,
öffne ich meine Augen und sehe alles ganz bewusst
als ICH BIN.

Ich gestatte meinem Körper sich jetzt wieder frei zu bewegen
und erlebe ihn als Ausdruck dessen, was ich BIN.
Ich bin ganz bewusst im Hier und Jetzt.

HIER UND JETZT.
Und BIN.
ICH BIN.

Hörkassette „ERFOLG" aus der IAW-Bewusstseins-Mediothek

Zum Nachdenken

Können Sie diesem Satz uneingeschränkt zustimmen?

Bevor Sie Erfolg HABEN,
müssen Sie Erfolg SEIN.

Schreiben Sie bitte alle *Vorbehalte* auf, die Sie gegen den Satz haben: ICH BIN ERFOLG.

Damit haben Sie Ihre *Erfolgsblockaden* vor sich ausgebreitet. Blockaden, die Ihnen bewusst geworden sind, verlieren mit der Zeit ihre Macht. Es geht darum, sie zu lösen, sich von ihnen zu lösen.

Prüfen Sie von Zeit zu Zeit diese Vorbehalte noch einmal. Wann können Sie uneingeschränkt sagen:
ICH BIN ERFOLG!

Erfolgskontrolle

- Haben Sie den Eindruck, jetzt in einem *anderen Bewusstsein* an das Studium heranzugehen, mit einem starken Erfolgsbewusstsein?
- Starten Sie jetzt *als Erfolgs-Persönlichkeit*?
- Worin hat sich dieses andere Bewusstsein bereits durch *praktisches Handeln* geäußert?
- Haben Sie die *Bewertung der Bewusstseinsinhalte* schon vorgenommen?
- Wann werden Sie die *Erfolgsmeditation* in Ihr tägliches Leben integrieren? Haben Sie sich schon zu einem *21-Tage-Programm* verpflichtet?

1. Schritt: Lebensvision und Zielklarheit gewinnen

Die Welt tritt zur Seite, um jeden vorbeizulassen, der weiß, wohin er will

Kaum ein *Erfolgsgesetz* wird so häufig verletzt und missachtet wie das Gesetz der Zielklarheit.

Bevor ich im Leben Erfolg haben kann, muss ich meine Antwort auf die *Frage nach meinem Ziel* gefunden haben. Das ist der kleine, aber entscheidende Unterschied zwischen einer *Person* und einer *Persönlichkeit.* Die Persönlichkeit hat klare Ziele, aus denen sich die Richtung, der Weg und die Schritte wie von selbst ergeben.

- Wer wirklich klare Ziele hat, setzt auch automatisch die richtigen *Prioritäten* und hat dadurch immer *Zeit für das Wichtige.*
- Viele Menschen verfolgen hartnäckig den Weg, auf dem sie sich sowieso befinden, aber nur wenige ein Ziel. Denn so würde es wahrscheinlich notwendig sein, einen anderen Weg einzuschlagen.
- Sorgen Sie dafür, dass Sie durch Zielklarheit *die Weichen richtig stellen,* prüfen Sie aber auch vorher, ob die Erreichung dieses Zieles Sie auch wirklich *erfüllen* würde. Denn sonst werden Sie manchmal erst am Ziel feststellen, dass es gar kein lohnenswertes war. Wenn Sie schon ein Stück Ihres Lebens bewusst gehen, dann sorgen Sie dafür, dass es sich auch lohnt.

Sobald ich bedingungslos JA sage zu meinem Leben, bin ich auf dem Weg! Denn:

Die meisten Menschen sterben, ohne je gelebt zu haben

Die ersten Jahre unseres Lebens sind wir mit dem Trotzalter, der Schulzeit und der Pubertät mehr als genug beschäftigt. Aber irgendwann sollten wir einmal unsere individuelle Antworten finden auf die Fragen:

- Wer bin ich?
- Warum bin ich?
- Warum bin ich hier?
- Wo komme ich her?
- Wo gehe ich hin?
- Wozu bin ich hier?
- Wie erkenne ich meine Aufgabe und meinen Weg?
- Wie kann ich mein volles Potenzial ausschöpfen?

Manche stellen sich diese Frage erst in der Lebensmitte, während der so genannten „Midlife crisis", wenn das Leben schon halb vorbei ist. Aber es ist immer noch besser, sich diese Fragen *jetzt* zu stellen, als sie sich nie zu stellen! Noch besser ist es natürlich, sich die Fragen möglichst früh zu stellen, damit ich noch viel Zeit habe, die Erkenntnisse daraus zu verwirklichen.

Habe ich meine Antworten gefunden, erkenne ich auch, dass da *ein „geistiges Erbe" auf mich wartet, dass mir die Fülle verheißen ist.* Dass ich meine Lebensumstände selbst bestimmen kann – *dass also alles möglich ist.* Und zwar *jetzt,* in diesem Augenblick und in keinem anderen. Ich brauche nur zu *erwachen und mein geistiges Erbe anzutreten.* Dann beginnt das Abenteuer „Wirklichkeit", das eigentliche Leben.

Selbstreflexion: Ihr „geistiges Erbe"

Ist Ihr „geistiges Erbe" – in welchem Beruf auch immer – die Menschen zu sich selbst zu führen? Ist das Ihre Aufgabe, Ihr Potenzial, das darauf wartet, erweckt zu werden? Wird diese Aufgabe Sie und Ihr Leben erfüllen?

Dazu gehört dann auch, dass Sie *die volle Verantwortung für Ihr Leben* übernehmen, Ihre Zukunft frei bestimmen. „Glück und Pech" liegen von diesem Augenblick an in Ihrer Hand.

Es ist besser, seine Träume zu leben, als sein Leben zu verträumen

Dazu gehört, dass wir aufhören zu re-agieren und *anfangen zu agieren.* Denn wenn uns etwas widerfährt, dann reagieren wir darauf, gleich, ob es angenehm oder unangenehm ist, ob schönes Wetter ist, wir krank werden oder uns der Partner verlässt, ob wir einen Unfall oder sechs Richtige im Lotto haben. Wir reagieren.

Uns *erscheint es ganz normal,* auf Ereignisse zu reagieren. Aber als „Re-akteure" verhalten wir uns doch als Opfer, als von außen gesteuerte Roboter – und nicht als Meister! Dabei sollte es eigentlich umgekehrt sein*: Wir sollten handeln, BEVOR die Ereignisse eintreten.* Denn nur so *verursachen* wir die Ereignisse bewusst.

In Wirklichkeit *haben* wir auch bei scheinbaren Re-aktionen schon vorher gehandelt, denn wir haben jedes Ereignis letztlich selbst verursacht, *leider meist unbewusst.* Das ist der entscheidende Punkt, auf den es jetzt ankommt, der Quantensprung auf dem Weg zur Meisterschaft:

Selbstreflexion: Geschieht, was SIE wollen?

Reagiere ich im Leben nur auf Ereignisse, die ich unbewusst sogar selbst verursacht habe, oder verursache ich das, was ich will und mit meiner Absicht in Übereinstimmung steht?

Indem Sie diese Frage beantworten, haben Sie den *ersten Schritt* vom Opfer zum Schöpfer und Meister getan, den ersten meisterhaften Schritt auf dem Weg des Meisters.

Und jetzt gehen Sie folgende 3 Schritte:

1. Übernehmen Sie die *Verantwortung* für *alles,* was in Ihr Leben tritt. Sie haben all das selbst verursacht. Ihr Leben ist ein Spiegel dessen, was Sie selbst verursacht haben. Mit diesem Schritt haben Sie grundsätzlich die *Macht über Ihr Leben* errungen!
2. Bestimmen Sie Ihre *Absicht!* Was wollen Sie erreichen? Dann bestimmen *Sie ganz bewusst genau die Ursachen,* die notwendig sind, Ihre Absicht auch zu erzielen.
3. *Korrigieren Sie Ihre Ursachen* (das sind Ihre Bestellungen ans Leben), bis Sie präzise das erreichen, was Sie beabsichtigen. Lassen Sie sich von keinem „Misserfolg" oder „Fehler" beirren. Sie ermöglichen es Ihnen, Ihre Bestellungen zu korrigieren, *bis Sie das erreicht haben, was immer Sie wollten.* So erzielen Sie Erfolg in jedem einzelnen Fall. So wird Erfolg unvermeidbar.

Sie *beginnen Ihr Leben* in dem Augenblick selbst zu bestimmen, wo Sie nicht mehr auf die Ereignisse reagieren, sondern anfangen zu agieren, die Ereignisse BEWUSST verursachen!

Sie haben die Macht, Unglück und Pech in Glück zu verwandeln und Krankheit in Gesundheit. *Sie sind der Schöpfer und Meister aller Ihrer Lebensumstände.* Beenden Sie *jetzt* Ihr Leben als Opfer Ihrer Umstände!

Die Lebens-Vision

Ich sprach schon davon, sein Leben *absichtsvoll* zu führen, *Ziele* zu setzen und dabei *erfolgreich* zu sein.

Das wahre Geheimnis und die Kunst, die richtige Absicht zu formulieren und die richtigen Ziele zu setzten, liegt darin, *seine Lebens-Vision zu finden, sie zu entdecken und zu enthüllen.* Denn die Vision ist sozusagen *die Mutter der Absicht und aller Ziele.*

Jeder trägt in sich ein Bild seiner Vision. Diese Vision zu erkennen und zu erfüllen ist unsere Aufgabe. Nur indem wir diese *Vision erfüllen,* können wir ein *„erfülltes" Leben* leben. Aus dieser einmaligen und einzigartigen Vision als Teil unseres „geistigen Erbes" ergeben sich *unser individueller Weg und die erforderlichen Schritte.*

Das Leben eines jeden Einzelnen ist *ein individueller Einweihungsweg,* der ihm in jedem Augenblick optimale Bedingungen zur Selbstverwirklichung bietet. *Das SELBST (der Ort unserer Lebens-Vision) ist verwirklicht.* Es kommt darauf an, das zu erkennen und sich damit zu identifizieren.

Wie Sie jetzt Ihre ganz persönliche Vision enthüllen

Viele Menschen verstehen zu träumen, aber nur wenige verstehen wirklich zu leben. Sie wollen etwas werden, anstatt sie selbst *sein. Werden wollen* ist eine Krankheit, die aus Unwissenheit und Geistesblindheit entsteht.

Fast alle Menschen neigen dazu, die äußere Form zu ändern, den Arbeitsplatz zu wechseln, den Partner oder die Lebenssituation, um so das Wesentliche zu erreichen: Lebensfreude und Erfüllung. Das führt in keinem Fall zum Ziel, denn *in Wahrheit beginnt die Wirklichkeit bei der individuellen Vision* – sie ist der Ausgangspunkt der persönlichen Wirklichkeit. *Je nach Klarheit meiner Vision gestalten sich meine Beziehungen und meine Lebenssituation.*

Doch meine Vision kann ich mir *nicht ausdenken* (sondern nur Ziele). Meine Vision als inneres Bild muss ich „sehen" können, ent-decken, mir selbst sichtbar machen. Dazu dient Psycho-Vision.

Psycho-Vision ist die *„innere Schau der Wirklichkeit",* das intuitive Erleben der „göttlichen Idee" von mir selbst. Sie ist ein Bewusstseinszustand, eine ständige Schau der Wahrheit und Wirklichkeit hinter dem Schein.

Meine Lebens-Vision zu leben heißt:

- Das Leben aus der Sicht des Lebens selbst erleben, untrennbarer Teil des Lebens zu sein (dann kann man auch nicht mehr am Leben vorbei leben).
- Beobachter des Lebens sein, jenseits des Verstandes ein „Zeuge des Lebens" und „Zeugnis für LEBEN" sein.
- Sich selbst als Puzzle im „Spiel des Lebens" mit bestimmten Eigenschaften, Fähigkeiten und Möglichkeiten erkennen und dabei erkennen, wo dieses Puzzle-Teil in der Schöpfung hingehört.
- Meinen Platz in der Schöpfung einnehmen und tun, was auf diesem Platz zu tun ist.
- Die „Einmaligkeit meines So-Seins" leben, so, wie ich von der Schöpfung „gemeint" bin.

Meine persönliche Vision, die ich in der Zukunft ganz erfüllt haben werde, bestimmt also in der Gegenwart mein Verhalten. *Die visionäre Zukunft bestimmt die Vergangenheit, verursacht in der Gegenwart die Umstände, die erforderlich sind, um die Vision in der Zukunft zu erfüllen.*

Indem ich meine individuelle Vision erfülle, werde ich der, der ich schon immer war und immer sein werde – ICH SELBST. Start und Ziel sind identisch – das ICH BIN.

Seiner Vision folgen heißt „stimmig" leben

Ich sollte versuchen, meine *Vision* zu erkennen, weil sie mir die *„stimmige Richtung"* weist und gleichzeitig ermöglicht, auf dem Weg dahin *„stimmig" zu sein.*

Was stimmig sein bedeutet, kann ich spüren, indem ich die *„Haltung des Heilers"* einnehme, mich also frage, was ein Heiler an dieser Stelle sehen würde, und so erlebe, wie sich Stimmig-Sein anfühlt. Dann kann ich beginnen, in diesem Stimmig-Sein zu leben, meinen Weg stimmig zu gehen. Die allgemeine Richtung bestimmt meine Vision und die einzelnen Schritte das „Stimmig-Sein".

Wenn ich stimmig lebe, bin ich nicht mehr höflich oder unhöflich, taktvoll oder taktlos, hart oder nachgiebig, sondern ich bin wie ein Wellenreiter auf der Welle. *Mein ganzes Leben wird zu einem Surf-Abenteuer.* Ich lasse mich von dem Stimmig-Sein tragen, wohin die Welle mich trägt. Dann muss ich in jedem Augenblick die Balance halten, bestimme zwar den Umgang mit der Welle, aber nicht, wohin sie mich trägt.

Ich folge also stimmig auch *der Welle der Krise,* lasse mich bis zum Höhepunkt tragen und bis zum Auslaufen der Welle, sorge nur dafür, dass ich in jedem Augenblick in der Balance bin. Denn sonst wirft mich die Welle um, selbst wenn ich das Richtige tue, aber doch zu früh oder zu spät. *Wenn ich aber stimmig bin, trägt mich jede Krise über mich hinaus und wird zum Gipfelerlebnis.*

Wir sollten nicht nur die großen Lebens-Visionen, sondern auch *die täglichen Visionen* sehen.

- Eine Vision kann die Erkenntnis sein, dass alles, was mir widerfährt, mich nur weiterbringen will, mir dienen und helfen will, zu mir SELBST zu finden. Die Vision ist wie *ein leuchtendes Lebensprinzip.*

- Eine andere Vision kann sein, irgendwann ein geistiges Zentrum zu schaffen, und alles, was mir widerfährt, bringt mich dieser *Lebensaufgabe* näher.
- Eine Vision kann aber auch *ein „idealer Tag"* sein: den Tag so ideal zu erleben, wie er möglich ist. Und warum nur ein Tag? Eine Vision könnte sein, täglich seinen „idealen Tag" zu leben. (Jede Vision umhüllt sich mit der Aura des Idealen!)
- Und wie wäre es mit der Vision eines idealen Partners, idealer Kinder, eines idealen Berufes, eines idealen Lebensumfeldes, eines idealen Planeten Erde?

Jede Vision zeigt immer nur ein Teilziel, und deswegen hat sogar jeder Augenblick seine Vision. Ziel ist, im Einklang zu sein mit sich und dem Leben, und das möglichst in jedem Augenblick. Eine Vision ist also nicht ein starres Bild, dem ich folge und das ich erfülle.

Meine „Vision" könnte sein, zum Bahnhof zu gehen. Dann ist zwar der Bahnhof mein Zwischenziel (als inneres Bild), aber nicht mein endgültiges. Denn vom Bahnhof aus will ich ja zu meinem nächsten Ziel kommen, z.B. in eine andere Stadt. Aber auch da will ich ja nicht bleiben, sondern etwas tun, um dann zu meinem nächsten Ziel zu gelangen.

Es kann aber auch sein, dass ich auf dem Weg zum Bahnhof erkenne, dass es besser wäre zu fliegen, und ich ändere mein Ziel und gehe zum Flughafen. Aber ich musste zunächst zum Bahnhof gehen, um auf diesem Weg die bessere Möglichkeit zu erkennen.

Ich muss also offen sein für die Vision des Augenblicks, sonst folge ich einer überholten Vorstellung und verfehle mein Ziel. Lebe ich aber stimmig, dann bin ich in jedem Augenblick in meiner Vision und von ihr erfüllt.

Grundvoraussetzung für klare, reine Wahrnehmung der Vision: „erden“ und „harmonisieren“

Das *Geheimnis der Vision* ist, dass man sie sich nicht wie ein Ziel ausdenken kann, *sondern vom SELBST (der Ort der Vision) empfangen muss.* Das gilt für die große Lebens-Vision genauso wie für das visionäre tägliche Leben. *Je mehr und länger wir mit unserem SELBST im Kontakt sind, desto stimmiger leben wir und erfüllen so unsere Vision.*

Um uns zu erden und zu harmonisieren, uns auf „Empfang“ einzustellen, vollziehen wir die Schritte:

Übung: „Erden“ Sie sich

Eine bequeme Haltung (am besten im Stehen) einnehmen, bei der wir die Wirbelsäule gerade halten. Die Füße parallel und schulterbreit aufstellen. Knie nicht durchdrücken, sondern leicht entspannen (ohne einzuknicken). Stellen Sie sich vor, Sie wären am Scheitel des Kopfes aufgehängt, so dass der Körper sich völlig entspannen kann. Besonders auf Entspannung der Schulter und des Beckens achten. Den festen Boden unter den Fußsohlen spüren. Die untere Wirbelsäule geistig verlängern und wie eine geistige Wurzel bis in den Erdmittelpunkt reichen lassen. Bewusst die Kraft der Erde als Schwerkraft spüren, ihre Energie aufnehmen (als ob die Wirbelsäule ein saugender Strohhalm für diese Energie ist) und durch die Wirbelsäule über das Kronenchakra* in den Kosmos fließen lassen. (Es ist möglich, dass der Körper zu zittern, in der Energie zu erbeben beginnt.)

* **Chakren** sind feinstoffliche Energiezentren im Körper, die Energie empfangen, transformieren und verteilen. Wir unterscheiden sieben große Chakren: das Wurzel-Cakra, das Nabel-Chakra, das Milz-Chakra, das Herz-Chakra, das Hals-Chakra, das Stirn-Chakra und das Scheitel- oder **Kronen-Chakra.** Wenn Sie mit dieser Theorie und Praxis nicht vertraut sind, stellen Sie sich einfach vor, im Geiste Ihren Gehirnschädel zu öffnen.

Das *Kronen-Chakra* wie bei einem Planetarium öffnen und das Allbewusstsein einströmen und durch die Wirbelsäule in die Erde fließen lassen. Jede Zelle ist erfüllt von diesem Bewusstsein.
Beide Kräfte verbinden sich in mir zu einer Kraft. Ich bin die harmonische Verbindung beider Kräfte HIMMEL und ERDE. Das Allbewusstsein verkörpert sich in mir und durchgeistigt meinen Körper. Ich bin die eine Kraft. Ich bin Bewusstsein. ICH BIN.

In dieser „Einstimmung" vollziehe ich die Meditation, um *meine Lebens-Vison, meine Berufung, den Sinn meines Daseins zu empfangen, zu enthüllen, zu erkennen.* Dazu lege ich mich im Anschluss daran sinnvollerweise auf einen vorbereiteten Platz und höre mir eine Meditationskassette an.

MEDITATION:
Ich erkenne meine Vision

Sie kennen jetzt meine *sprachlich geführte Meditation* „Ich bin Erfolg". Für den nächsten Meditationstext empfehle ích Ihnen, ihn sich auf einer Kassette selbst zu erstellen.

Nehmen Sie dazu einen *Kassettenrekorder* und experimentieren Sie mit dem folgenden Meditationstext so lange, bis er für Sie beim Abspielen angenehm klingt und Sie in einen entspannten Zustand versetzen kann.
Dies ist eine ausgezeichnete *Vorübung zum sechsten Schritt der Erfolgs-Persönlichkeit: Die Stimme des Erfolgs trainieren.*

Wie stimmig Sie sind, erkennt man immer auch an Ihrer Stimme. Es ist sozusagen Ihre „hörbare Aura", die sich – zum Beispiel jetzt – trainieren lässt.

Sie sollten als Erfolgs-Persönlichkeit immer in der Lage sein, Menschen durch Ihre Stimme, durch bewusst gewählte

Worte und Meditationsmusik im Hintergrund in eine Entspannung und Meditation *zu führen.*

Meditationsübung: Ich erkenne meine Vision

Ich sehe mich auf einem Berg oder einer Wiese. Es ist mein persönlicher Ort des Friedens, der Liebe, der Schönheit, der Wahrheit. Dort bin ich zu Hause.
Es ist noch früh und neblig. Doch der Nebel lichtet sich. Die Sonne durchbricht den Schleier der Nebelwand.
Im Schein der Sonne und des Lichtes erkenne ich immer deutlicher die Vision meiner Berufung und meines Daseins. Ich kann mich mit dieser Vision liebevoll identifizieren. Ich erkenne: DAS BIN ICH WIRKLICH! SO BIN ICH GEMEINT!
Ich erkenne, weshalb ich gekommen bin, meinen Weg und auch die nächsten Schritte.
Nun erkenne ich: Wie komme ich von da, wo ich jetzt bin, zur Verwirklichung meiner Vision in der Realität. Wie ist die Verwirklichung gedacht? Wie bringe ich meine innere Wirklichkeit (die Vision) mit meiner äußeren Realität (meinem aktuellen Lebensausdruck) in einen harmonischen Einklang?
Ich lasse mir Zeit, um dieses innere Geschehen zu beobachten. Ich beobachte nur, was geschieht.

Es macht Sinn, sich die empfangenen Eindrücke am Ende der Meditation über einen einfachen „Satzergänzungstest“ schriftlich ins Bewusstsein zu rufen. So steht die Vision auf zwei Beinen: *dem Bein des Eindrucks in Gedanken und dem Bein des Ausdrucks im Wort.*

Satzergänzungstest zum Erkennen meiner Vision

Schreiben Sie bitte sofort (intuitiv = gedankenlos).

„Channeln" Sie intuitiv, und lassen Sie jetzt den Stift nicht von Ihrem kritischen Verstand führen. Channeln heißt so viel wie: als Kanal empfangen. Stellen Sie sich also vor, die stimmigen Antworten auf die Frage gibt es irgendwo „im Universum". Sie müssen nur noch den „Kanal" für die Antworten öffnen und erhalten sie als Diktat. Die Voraussetzung dafür ist: Denken ausschalten! Ohne Zensur diktieren lassen! Wenn es Ihnen hilft, schreiben Sie nicht mit Ihrer üblichen Schrifthand, sondern der Hand, die der intuitiven Gehirnhälfte näher steht.

Eine andere Möglichkeit ist, die folgenden Sätze ohne jede weitere Vorbereitung zu ergänzen und diese Ergänzungen auf eine Kassette zu spielen. Sprechen Sie frei los, und legen Sie keine Gedankenpausen ein.

So fragen Sie Ihre *visionäre, ideale Wirklichkeit* ab:

Meine Berufung ist …
Der Sinn meines Lebens ist …
Meine Lebens-Absicht ist …
Ich habe mich für dieses Leben entschieden, weil ich …
Die Hauptsache in diesem Leben ist für mich …

So fragen Sie Ihre *aktuelle, mangelhafte Realität* ab:

Ich wäre vollkommen glücklich, wenn …
Wenn ich mehr Geld hätte, würde ich …
Ich möchte ein Mensch sein, der …
Wenn ich noch einmal jung wäre, würde ich …
Ich bin noch nicht erleuchtet, weil …
Ich lebe als Meister, sobald …

So fragen Sie Ihren *Weg zum harmonischen Einklang* ab:

Um meine Vision zu leben, vollziehe ich als nächsten Schritt in diese Richtung …

Mit dem Armtest prüfen

Der *Armtest* ist eine *ausgezeichnete Methode, um Stimmigkeit zu überprüfen.* Vielleicht kennen Sie diese Technik bereits. Wenn nicht, finden Sie im Anhang auf S. 161 eine ausführliche Erklärung, wie der Armtest funktioniert. Er beantwortet zuverlässig die Frage: *Stimmt es?* Antwortet der Arm stark, dann lautet die Antwort: JA, deine Aussage stimmt.

____________________ ist meine Lebensvision!

Nehmen Sie das, was Sie als Ihre Vision vermuten, ins Bewusstsein, und ein anderer testet Sie. Sie können dadurch auch lernen, Hindernisse auf Ihrem Weg besser zu verstehen. Prüfen Sie mit dem Armtest: Gibt mir diese Vision Energie, oder zieht sie sie von mir ab? Was ist der beste Weg, meine Vision zu verwirklichen? Ist es richtig, dies jetzt anzugehen? Sollte ich es besser später tun? Prüfen Sie dies so lange mit dem Armtest, *bis alle Fragen stimmig beantwortet sind.*

Zehn Gründe, das Ziel der Erfolgs-Persönlichkeit zu erreichen

Viele Menschen *warten darauf,* dass ihnen eine große Aufgabe übertragen wird. Wer aber darauf nicht wirklich vorbereitet ist, wird vergeblich warten. Ein Armer kann nicht einen anderen Armen zum Reichtum führen. Sie müssen zuerst innerlich reich werden, bevor dieser Reichtum außen in Erscheinung treten kann.

So ist es auch mit der Erfüllung einer Lebensaufgabe. Eine solche Aufgabe stellt sich *von innen,* stellt sich, wenn man darauf vorbereitet ist. *Die Lebensaufgabe sollte einen herausfordern, kann einen aber nie überfordern.*

Warten können (Geduld haben) ist durchaus eine Tugend, aber sie allein reicht nicht aus, um zum Erfolg zu gelangen, wenn ich mich dabei hängen lasse, die Reichen kritisiere und anderen die Schuld dafür gebe, dass sich der Erfolg bei mir noch nicht eingestellt hat.

Wenn Sie wirklich erfolgreich werden wollen, *dann bestimmt dieses Ziel jede Entscheidung, den Weg und die Schritte.*

Wie wollen Sie lernen, sich nicht vom Geld besitzen zu lassen, wenn Sie nie wirklich Geld besessen haben? Wie wollen Sie wissen, ob Ihnen Erfolg etwas bedeutet, wenn Sie nie wirklich erfolgreich gelebt haben?

Ihr Weg zur Erfolgs-Persönlichkeit

Lassen Sie uns jetzt eine erste Bilanz ziehen! Finden Sie JETZT an sich zehn positive Eigenschaften, die Sie als Erfolgs-Persönlichkeit ausweisen!

Machen Sie sich so einmal *Ihre Qualitäten bewusst,* und schreiben Sie auch das auf, was scheinbar selbstverständlich ist. Lassen Sie sich dafür Zeit – und natürlich dürfen es durchaus auch mehr als zehn positive Eigenschaften werden.

Dann machen Sie sich einmal bewusst, *wie großartig Sie bereits sind.* Schauen Sie sich diese Liste jeden Tag einmal an und genießen Sie, was Sie bereits erreicht haben.

Dann machen Sie eine zweite Liste, auf der Sie zehn Gründe dafür notieren, warum Sie Ihr Lebens-Ziel sicher erreichen werden.

Diese Liste wird Ihnen Kraft geben, wenn Sie einmal scheinbar einen Rückschlag erleben. Doch bedenken Sie – und das ist eine große Lektion für eine Erfolgs-Persönlichkeit:

In Wirklichkeit ist jeder Rückschlag eine Botschaft des Lebens, dass Sie noch nicht den optimalen Weg gefunden haben, ihn noch nicht erkennen. Jeder Rückschlag ist eine Aufforderung, noch einmal genauer hinzuschauen, damit Sie ihn erkennen. So gesehen wird jeder scheinbare Rückschlag zum lehrreichen „Entwicklungshelfer" und kann Ihnen sogar mehr helfen als das Lob eines Freundes.

Es ist vollkommen gleich, wo Sie derzeit im Leben stehen, entscheidend ist nur, WOHIN SIE JETZT GEHEN! Tun Sie den ersten Schritt in die richtige Richtung, und *Ihr Leben ändert sich IN DIESEM AUGENBLICK!* Oft braucht es hierfür nur einen anderen Blickwinkel, wie die folgende Geschichte zeigt:

Ein Schuhverkäufer besuchte eine abgelegene Insel und berichtete seinem Chef später ganz enttäuscht: „Dort tragen die Leute überhaupt keine Schuhe, da können wir kein Geschäft machen."
Einige Zeit darauf kam ein anderer Schuhverkäufer auf diese Insel und berichtete seinem Chef ganz begeistert: „Dort tragen die Leute noch gar keine Schuhe, da können wir ein tolles Geschäft machen!"

So kann man *mit dem richtigen Bewusstsein* aus der gleichen Situation heraus ganz andere Konsequenzen ziehen und dort *einen Erfolg schaffen, wo ein anderer gar nicht erst anfängt.*

Zum Nachdenken:

Wie unterscheidet sich eine Vision von einem Ziel? Was ist die Quelle der Vision und was die Quelle des Ziels? Wir sprachen vom Paradox des Erfolges, vom Paradox des Lernens und könnten jetzt auch vom Paradox des Ziels sprechen. Wie würde es lauten? (Hinweis: Irgendwo finden Sie diesen Satz auch in diesem Kapitel!)

Erfolgskontrolle:

- Machen Sie doch einmal einen *Armtest* mit der Behauptung: *Ich bin eine Erfolgs-Persönlichkeit.*
- Sie haben *Ihre Lebensvision* enthüllt. Wie lautet sie?
- Welche *nahen Ziele* können Sie (daraus abgeleitet) bestimmen? Was werden Sie auf dem Weg zu Ihrem als Nächstes tun?
- Sie haben den *Meditationstext* so zufriedenstellend auf Kassette aufgenommen, dass Sie sich beim Abhören wirklich entspannen können.
- Sie haben *die beiden Listen* gemacht:
  - zehn positive Eigenschaften als Erfolgs-Persönlichkeit
  - zehn Gründe, das Lebensziel sicher zu erreichen (Ich muss erst am Ziel sein, bevor ich es erreichen kann.)

2. Schritt: Resonanzfähigkeit für den Erfolg herstellen

So ziehen Sie Erfolg magnetisch an

Stellen Sie sich vor, Sie sind *ein Sender* und senden ständig Energie einer bestimmten Schwingung aus. Mit dieser Schwingung ziehen Sie ganz bestimmte Ereignisse und Umstände in Ihr Leben. Ebenso zuverlässig schließen Sie damit andere Ereignisse und Umstände aus, auch wenn Sie sich diese noch so sehr wünschen oder sie ganz dringend brauchen. Das, was SIE so *verursachen,* erleben Sie dann als Ihr Schicksal.

Und nun stellen Sie sich einmal vor, Sie könnten ALLES von einem Augenblick zum anderen ändern. Sie könnten so ganz bewusst bestimmte erwünschte Ereignisse und Umstände in Ihr Leben ziehen. – Wie das funktionieren soll? Es geschieht, indem Sie *mit dem erwünschten Ereignis in „Einklang" kommen.* Sie kommen mit etwas in Einklang, indem Sie es in Ihrer Vorstellung „als erfüllt erleben".

Durch Identifikation mit dem erwünschten Endzustand nehmen Sie es geistig in Besitz, gehen in seine Schwingung. Sie machen sich so resonanzfähig, ja geradezu „magnetisch" für dieses Ereignis. Aus einer Möglichkeit der Zukunft wird so in Ihrer Vorstellung eine Realität der Gegenwart. Damit rufen Sie dieses Ereignis „in Erscheinung", und das Leben *muss* es in der äußeren Realität als Tatsache manifestieren. Es hat keine andere Wahl! *Es ist wie bei einer Bestellung:* Die Bestellung ist abgegeben, und es ist nur noch eine Frage der Zeit, wann das Bestellte in Ihrem Leben in Erscheinung tritt, vom Postboten gebracht wird.

Sie können so *jedes beliebige Ereignis* in Ihrem Leben bestellen und „geschehen lassen". Der Erfolg wird unvermeidlich. Sie brauchen nur die Energie des erfüllten Wunsches zu schaffen und zu halten, bis sich der erwünschte Endzustand in der äußeren Realität manifestiert hat. Dabei ist wichtig, ob Sie sich mit einem *starken Gefühl der Freude und Dankbarkeit* erfüllen können.

Wie man seinen Erfolg „unvermeidbar“ macht

Was tun, wenn aber der Erfolg noch nicht erfolgt? Was tun, wenn die Resonanzfähigkeit noch nicht so hergestellt ist, dass Sie nur noch Erfolg in Ihr Leben ziehen? *Wie kann die Resonanzfähigkeit für einen sicheren Erfolg optimiert werden?*

Ihr Erfolgsresonanz-Quotient

Bitte prüfen Sie dazu folgende Aussagen:

- Wie reagieren Sie auf folgende Aussagen? Welchen können Sie uneingeschränkt zustimmen? [Bewertung: + / ++] Gegen welche wehren Sie sich? [Bewertung: –/ – –] Welche Aussagen sind für Sie „neutral“, lassen Sie kalt? [Bewertung: 0] Bitte sofort und „gedankenlos“ ausfüllen!

1. Wer morgen nicht von gestern sein will, der muss heute etwas tun. Aber wenn Sie sich wirklich entschieden haben, dann kann Sie nichts mehr aufhalten. Ich entscheide mich JETZT „unwiderruflich“ für meinen Erfolg. ☐
2. „Erfolgreich sein“ kann man lernen, so wie man eine Fremdsprache erlernen kann. ☐
3. Erfolg ist ein Produkt, das man wie jedes andere Produkt herstellen kann. ☐

4. Ich kann so viel Erfolg verursachen, wie ich denken und glauben kann, und ich kann IN JEDEM AUGENBLICK damit beginnen. ☐
5. Ich kann IN JEDEM EINZELNEN FALL erfolgreich sein. Erfolg gehorcht ganz einfachen Gesetzen. Sobald ich sie kenne und befolge, ist der Erfolg UNVERMEIDBAR. ☐
6. Jeder hat IN JEDEM EINZELNEN FALL IMMER 100 Prozent Erfolg. Absicht und Ergebnis sollten dann aber auch übereinstimmen. ☐
7. Harte Arbeit ist KEINE Ursache für Erfolg. ☐
8. Ich will nie mehr arbeiten und Urlaub für immer machen, natürlich BEZAHLTEN Urlaub. ☐
9. Ich lasse mich dafür fürstlich bezahlen, dass ich das tue, was mir ohnehin am meisten Freude macht. ☐
10. Ich lasse mich von der Freude führen. ☐
11. Das Leben ist ein Spiel, in dem ich nur gewinnen kann. ☐
12. Erfolg ist abhängig vom Grad meines Bewusstseins, der Beherrschung meines Denkinstrumentes, meiner „inneren Dimension" und dem Grad meines Glaubens. ☐
13. Ich beende immer ALLES, was ich beginne, erfolgreich. Misserfolge sind immer nur Zwischenergebnisse auf meinem Weg zum endgültigen Erfolg. ☐
14. Jeder bekommt immer nur das, was er verursacht, nicht mehr, nicht weniger und nichts anderes. Erfolg ist weder ein Geschenk noch Zufall. Ereignisse sind manifestierte Bewusstseinsinhalte. Wir sind nicht Opfer, sondern Schöpfer der Umstände. ☐
15. Ich verfüge über Zielklarheit. Ich bestimme immer genau, was ich wirklich will. ☐

16. Ich träume meinen Traum und verwirkliche ihn dann. Ich bestimme auch, WAS für mich Erfolg ist. Ich erkenne Hindernisse auf dem Weg zum Erfolg und ziehe immer rechtzeitig die Konsequenzen. ☐
17. Wenn ich etwas ändern will, dann habe ich auch einen starken Willen. Ich weiß: Es muss schon „ich will" sein, „ich möchte" genügt nicht. ☐
18. Je gründlicher meine Vorbereitung, desto sicherer der Erfolg. ☐
19. Ich nutze den unwiderstehlichen Zauber des ersten Eindrucks. ☐
20. Ich bin eine gewinnende Persönlichkeit. Ich lerne das Zauberinstrument „Stimme" zu schulen und „subkutan" zu sprechen. Ich lerne wirklich „hinzuhören" und „zu lesen". Ich gestalte die Atmosphäre eines jeden Raumes bewusst. ☐
21. Ich führe mein Leben wirklich. Ich nutze die Macht der unwiderruflichen Entscheidung. Ich entdecke und nutze den Arbeitsplatz als Abenteuerspielplatz, als Ort meiner Selbstfindung und Selbstverwirklichung. ☐
22. Erfolg ist wichtig, nicht Perfektion. Konzentration ist alles: Loslassen – bis auf das eine, das ich gerade tue. ☐
23. Ich lerne mein „Denkinstrument" zu beherrschen und vom linearen über das holistische zum universellen Denken zu kommen. Ich erkenne, dass Fehlschläge lehrreicher sind als Erfolge. ☐
24. Ich nutze das Geheimnis vollkommener Gesundheit. Ich bin in der Lage, Heilung STÄNDIG „geschehen zu lassen". ☐
25. Ich lerne Mental-Techniken, um so Erfolg zu verursachen. ☐

26. Ich kann AUS ALLEM einen Erfolg machen und JEDES Spiel gewinnen. ☐
27. Ich kann JEDEN Misserfolg in einen Erfolg umwandeln. ☐
28. Ich bin erfolgreich durch mentales Vorauserleben. ☐
29. Ich nutze Imagination als Tor zur Wirklichkeit. Imagination verbindet mich mit dem gewünschten Endzustand. Durch Imagination wird eine Möglichkeit zur Realität. Realität hängt von der Intensität meiner Imagination ab. Ich kann Erfolg durch angewandte Imagination im Voraus gestalten, erleben und vollziehen. Ich gewinne erst in der Phantasie. Durch angewandte Imagination wird Zukunft zur Gegenwart. Angewandte Imagination bestimmt den „Zufall". ☐
30. Ich schaffe die „Energie des erfüllten Wunsches" und kann sie halten. Ich kann den erwünschten Endzustand durch Identifikation in Besitz nehmen. Ich kann das nicht Optimale in regelmäßiger Tagesrückschau umerleben. Ich kann vom Ziel aus denken und handeln. ☐
31. Ich kann die Umstände gestalten, BEVOR sie eingetreten sind. Ich bin bereits in der Lösung, bevor ein Problem überhaupt in Erscheinung treten kann. ☐
32. Ich stehe nie vor einer wirklichen Entscheidung. Der Armtest zeigt mir, dass mein Inneres bereits eine Entscheidung getroffen hat. ☐
33. Ich fälle keine Entscheidungen mehr, sondern „treffe" sie, so wie ich einen guten Freund treffe. Denn die Entscheidung ist schon da, ich muss sie nur noch treffen. ☐
34. Ich nutze Intuition als sicheren Weg zum Erfolg. ☐

35. Ich lerne, mit allen Sinnen und auf allen Ebenen wahrnehmen. ☐
36. Eine Lösung, bei der nicht alle gewinnen, ist keine Lösung. ☐
37. Ich nutzte das „Geheimnis der Wandlung". ☐
38. Erfolg ohne Erfüllung ist kein Erfolg. ☐
39. Ich komme vom Beruf über die Berufung zur Erfüllung. ☐
40. Ich schaffe mir Charisma und eine Erfolgsaura. ☐
41. Ich lasse Erfolg STÄNDIG geschehen. ☐
42. Ich bin mir bewusst, dass ich einzigartig und faszinierend bin. ☐
43. JEDER Kontakt mit mir ist für den anderen eine Freude und ein Gewinn. ☐
44. Die Karriereleiter führt nirgendwo hin – nur ans Ende. ☐
45. ICH BIN das Ziel, es gibt kein anderes wirkliches Ziel. ☐
46. Wo immer ich bin, bin ich am Ziel. So genieße ich den Weg und bin glücklich. ☐
47. Lebensqualität säumt meinen Weg – ich lerne als „Lebenskünstler" die Kunst des Genießens. ☐
48. Ich „zelebriere" Leben auch in den Kleinigkeiten. ☐
49. Mein Leben ist in Balance, ausgeglichen und harmonisch. ☐
50. Ich trete als ICH BIN in Erscheinung, bin jederzeit wirklich ganz DA, im HIER und JETZT präsent. ☐

- Und jetzt berechnen Sie bitte Ihren aktuellen „Erfolgsresonanz-Quotienten" nach folgendem Schlüssel:

Bewertung:	Punkte:	Anzahl der Anworten
+ +	10	
+	5	
0	0	
–	–5	
– –	–10	
Summe:		
% von max. 500:		

Wenn Sie jeder der 50 Aussagen stark zustimmen können (Bewertung + + = 10 Punkte), kommen Sie zu dem Traumergebnis von 500 Erfolgsresonanz-Punkten. Ein paar weniger reichen auch schon aus, um den Erfolg „unvermeidbar" zu machen.

Viele der hier angesprochenen Erfolgsaussagen werden wir im Folgenden noch trainieren. Sinnvollerweise wiederholen Sie den Test nach ein paar Monaten wieder! Da wird sich sicherlich noch einiges tun!

Überprüfen Sie Ihre Resonanzfähigkeit

Sind Sie mit Ihrer Resonanzfähigkeit für den Erfolg noch nicht zufrieden? Dann können Sie hier Ihre Resonanzfähigkeit in den wichtigsten Punkten überprüfen.

- Beantworten Sie die folgenden Fragen bitte auf einem eigenen Blatt. Beginnen Sie am besten jeden Komplex auf einem neuen Blatt.

Selbstreflexion: Meine derzeitige Resonanzfähigkeit:

1. Als wer lebe ich? Womit identifiziere ich mich? Als wer denke, fühle, rede, handle ich?
2. Was empfinde ich als zu mir gehörig, als Teil meiner Identität? Was nicht mehr, als Teil meiner Vergangenheit?
3. Welche „inneren Bilder", die mein Handeln unbewusst lenken, habe ich? Habe ich ein Mangel- oder ein Wohlstandsbewusstsein? Wovor habe ich Angst? Was befürchte ich (z. B. Partner verlässt mich, ich werde entlassen usw.)? Was hoffe ich (z. B. Lottogewinn, neuer Partner, neue Stelle)? Was erwarte ich? Was weiß oder vermute ich, dass es bald geschieht?
4. Als wie gesund empfinde ich mich? Habe ich ein Krankheits- oder ein Gesundheitsbewusstsein? Praktiziere ich Heilung durch Selbst-Identifikation?
5. Wer oder was „führt" mein Leben? Der Zufall? Mein Verstand? Die „innere Stimme"? Die Intuition? Fälle ich Entscheidungen („übers Knie gebrochen"), oder „treffe" ich Entscheidungen?
6. Lebe ich im Erfolgsbewusstsein? Empfinde ich mich als Gewinner? Wo erwarte ich Erfolg als zu mir gehörig? Wo nicht? Warum nicht? Wofür habe ich mich in meinem Leben unwiderruflich entschieden? Wofür entscheide ich mich JETZT unwiderruflich?
7. Was bedeutet für mich ein „erfülltes Leben"? Wie erreiche ich meine Erfüllung? Was muss ich JETZT tun, damit ich ein erfülltes Leben lebe?

Wo immer ich unsicher bin, mache ich den ARMTEST! Ich sorge so dafür, dass ich in jedem Augenblick „stimmig" lebe!

Aus dem SELBST heraus handeln: das Werkzeug MENSCH optimieren

Der schnellste und sicherste Weg, eine Erfolgs-Persönlichkeit zu werden, ist, vom egozentrischen zum selbstbewussten Handeln zu kommen. Es ist *der Schritt von der fremdbestimmten Person zur selbstbestimmten Persönlichkeit.*

Um zum Selbst-bewusst-Sein in der Selbst-Identifikation aufzusteigen (ich identifiziere mich nicht mehr mit meinem EGO, sondern mit meinem SELBST), benötigen Sie folgende Eigenschaften, die Sie sich mit diesem Buch aneignen können:

- *„Konzentrative Entspannung"* (wie in einem Konzert) lernen und halten. Das Geheimnis der Hunza für sich nutzen: *Ruhen im Tun.*
- Seinen *Atem* beobachten, in *Gedankenstille intuitive Sensitivität* entwickeln. Umschalten vom Sehen (mit den Augen) zur „Wahrnehmung" (mit dem Herzen).
- *Über sich hinauswachsen* und an *die Energie des kosmischen Netzes* gehen und ständig dort bleiben. Nie mehr auf Batterie laufen. Ständig energiegeladen sein.
- Zu *Bewusstsein* kommen und bei Bewusstsein bleiben. Bei sich SELBST ankommen und im Einklang mit sich leben. *Kontemplatives Verschmelzen* mit sich Selbst. Das *„Tor des Himmels"* öffnen und sich von seiner *Intuition* führen lassen.
- Zuerst *„innerlich" reich* werden. Reichtum ist die Fähigkeit, alles zu er-reich-en, was man will. Es ist ein Potenzial, ein Vermögen.
- *ALLES hat das Potenzial, Sie weiterzubringen,* wenn Sie richtig damit umgehen. JEDER Mensch ist eine Chance – als Freund oder Lehrer.
- Sich „resonanzfähig" machen für seinen Erfolg. Sein *Chancenbewusstsein* entwickeln. Die Chancen nutzen, die das Leben mir ständig bietet.

- *JEDER Gedanke ist eine Ursache* und kehrt zurück, als Ereignis, Umstand, Zufall oder Situation. Mangelbewusstsein auflösen und ein Wohlstandsbewusstsein schaffen. Erfolgshindernisse erkennen und auflösen.
- Was können Sie nicht *loslassen?* An was HÄNGEN Sie noch? Wovon sind Sie noch AB-HÄNGIG? Das Ärgern verlernen. Hemmungen und Blockaden erkennen und auflösen.
- Sich seine *Kernglaubenssätze* bewusst machen und optimieren.
- *Einem jeden geschieht nach seinem Glauben* – das ist ein Gesetz. *Glaube an den Erfolg* ist das sicherste Mittel gegen Misserfolg, denn wahrer Glaube ist *„wirklichkeitsschaffend"*.
- *Glauben kann man lernen,* trainieren wie einen Muskel. Alles kann jederzeit „umgeglaubt" werden. Glaubenserlebnisse zur Glaubenserfahrung verdichten.
- Die Erfüllung nicht in die Zukunft verlegen. Nur das JETZT ist magnetisch.
- *Das Ziel* bestimmt den Weg und die Schritte.

Ihre Potenzial-Ausschöpfung

Überprüfen Sie bitte wieder für sich, ob Sie diese *Potenziale* in sich schon angezapft oder gar ausgeschöpft haben. Die folgende Tabelle hilft Ihnen dabei. Bitte füllen Sie auch diese Tabelle ohne großes Nachdenken aus. Schätzen Sie intuitiv ein, wo Sie stehen.

Dies ist sozusagen eine Bilanz Ihrer Resonanzfähigkeit für den optimalen Lebenserfolg in den wichtigsten Dimensionen. Wie weit, schätzen Sie, haben Sie Ihr Potenzial in den folgenden Lebensbereichen ausgeschöpft?

Geschätzte Potenzial-Ausschöpfung in Prozent (%)	**0 %**	**20%**	**40%**	**60%**	**80%**	**100%**
Konzentrative Entspannung						
Intuitive Sensitivität, meditative Gedankenstille						
Angeschlossen an kosmische Energie						
Bei BEWUSSTSEIN sein						
Innerlicher Wohlstand						
Chancen-bewusstsein						
Ursachen erkennen und setzen						
Loslassen können						
Kernglaubenssätze optimiert						
Glaubensstärke						
Imaginations- und Visionsfähigkeit						
Zielklarheit						
Leben im JETZT						

Zum Nachdenken:

- Haben Sie durch den Schritt „Resonanzfähigkeit für den Erfolg herstellen“ ein *neues, umfassenderes Verständnis für Erfolg* bekommen?
- Wie unterscheidet sich *„Erfolg durch Handeln“* von *„Erfolg durch Resonanz“?*
- Wie *optimiert* man also am besten seinen Erfolg?
- Warum ist es so wichtig, dass bei dem Aufbau einer Schwingungs-Energie des erfüllten Wunsches die Gefühle von *„Freude und Dankbarkeit“* aufkommen?

Erfolgskontrolle:

Es geht in diesem zweiten Schritt vor allem darum, diese *Meta-Ebene des Erfolgs* kennen zu lernen und in sich wahrzunehmen. Hier führen wir erst einmal eine grobe Einschätzung durch. Vertrauen Sie dabei Ihrer Intuition! Wenn Sie dieses Buch durchlebt haben, sollten Sie diese Einschätzung erneut vornehmen. Jetzt ist es wichtig, Ihre „Eingangs-Resonanz“ festzuhalten, damit Sie nach der Lektüre des Buches prüfen können, ob sie sich sprunghaft verbessert hat!

- Sie haben Ihren *„Erfolgs-Quotienten“* „berechnet“.
- Sie haben Ihre *Resonanzfähigkeit* umfassend geprüft und haben daraus einen „unwiderruflichen Entschluss“ abgeleitet.
- Sie haben Ihr *Erfolgspotenzial* eingeschätzt.

3. Schritt: Die Erfolgs-Bilanz des Lebens erstellen

Die Zwischen-Bilanz meines Lebens

Um sich weiterzuentwickeln, muss man „Bilanz ziehen“, erkennen, was man in seinem Leben *loslassen* muss, was man *bewahren* sollte und was der *Erneuerung* bedarf.

Was haben Sie *aus Ihren Potenzialen* bisher gemacht? Wie sind Sie zur Entfaltung gekommen? Eine aktuelle Lebens-Bilanz (sie sollte spätestens alle fünf Jahre erfolgen) hilft auch, Einseitigkeiten zu erkennen. *Das Ideal ist Ausgeglichenheit, Balance, Harmonie, Integrität.* Ziehen Sie im Folgenden Ihre Erfolgs-Bilanz:

- In *Spalte 1* tragen Sie ein, wie tief Sie sich auf diesen Bereich bisher *eingelassen* haben: was für Sie *ein Thema* war, wie sehr Sie diesen Bereich gelebt, wie weit Sie ihn verwirklicht haben, wie wichtig Sie diesen Bereich bisher genommen haben. Die Punkteskala umfasst 0-10 Punkte, wobei 10 Punkte bedeuten, dass dieser Bereich sehr wichtig für Sie ist.
- In *Spalte 2* tragen Sie ein, wie viel *Zufriedenheit und Erfüllung* Ihnen dieser Bereich bisher gebracht hat (von 0 bis 10 Punkte; 10 Punkte = höchste Erfüllung).
- In *Spalte 3* tragen Sie ein, wie viele *offene Wünsche oder Sehnsucht* in diesem Bereich noch liegt (wieder von 0 bis 10 Punkte; 10 = höchste Sehnsucht).

Bereich:	**1**	**2**	**3**
Meine berufliche Situation			
Beziehung, Partnerschaft, Sexualität			
Kreativer Selbstausdruck, Freude			
Geld, Finanzen			
Körper, Gesundheit			
Wohnsituation			
Familiäre Situation			
Persönliches Wachstum, Spiritualität			
Anderer wichtiger Bereich			
Anderer wichtiger Bereich			

Welche Konsequenzen sind aus dieser Lebens-Bilanz zu ziehen?

Sie können hier Ihre Hauptaufgabe für diesen Augenblick erkennen, indem Sie *die höchsten Energien der dritten Spalte* in Ihr Bewusstsein nehmen, dort, wo die meiste Sehnsucht liegt, wo Sie also 10 Punkte oder die höchste Punktzahl vergeben haben. Sie zeigt Ihnen, WAS JETZT zu tun ist. *Da liegt das Hauptpotenzial* für persönliches Wachstum.

Nachdem Sie den Bereich der Hauptaufgabe erkannt haben, können Sie diese *Bilanz noch differenzierter auswerten:*

- Zu jedem Bereich beantworten Sie folgende Fragen und reflektieren, wo Sie bezüglich des Bereiches in fünf Jahren stehen:

1. *Was „fehlt" in diesem Bereich? Welche Wünsche, Erwartungen sind offen? Das beeinflusst oft alle anderen Bereiche (Angelpunkt) – in welcher Hinsicht?* Gehen Sie dabei nicht ins Mangelbewusstsein. Reflektieren Sie also die Frage nicht aus der Haltung: „Was fehlt mir hier leider?", sondern aus der Haltung: „Was gehört hier hin, damit der Bereich in meinem Leben vollkommen wird?"
   Gehen Sie dabei in die Energie, das jetzt eigentlich „zu mir Gehörende" anzuziehen. (Also das, was fehlt und zur Vervollkommnung gehört, erkennen, ohne dabei ins Mangelbewusstsein zu gehen.)

2. *Wie sieht dieser Bereich aus, wenn alles erreicht ist?* Ideal wäre es, wenn Sie hier Ihrer Phantasie freien Lauf lassen. Spüren Sie mit allen Sinnen die Vision der Erfüllung, sowohl in diesem Bereich wie in der Gesamtsituation: Was ist zu sehen? Wie hört es sich an? Wie riecht es? Wie fühlt es sich an? Machen Sie sich so resonanzfähig für die Erfüllung.

3. *Offene Wünsche oder unerfüllte Sehnsucht in einem Bereich zeigt, dass dort ANGST sein muss,* sonst hätte sich die Sehnsucht längst einen Weg gebahnt, wäre der Wunsch erfüllt.
   Welche Angst ist da? Und warum? Oder wovor? Meine Aufgabe ist es, die Angst zu erkennen, mich ihr zu stellen und sie aufzulösen, zu erlösen. *Angst, die bewusst geworden ist, verliert ihre Macht.*
   Mein „Wahres Wesen", mein SELBST, will oft woanders hin, will nicht dort bleiben, wo ich zurzeit bin. Indem ich mir das bewusst mache, kann ich es meistens erkennen. Indem ich es beachte, beginnt es sich schon zu verändern. Zudem muss ich die Änderungen seit meiner letzten Lebens-Bilanz beachten.

- Legen Sie diese *Lebens-Bilanz mit Datum* sorgfältig beiseite. Bestimmen Sie ein Datum, wann Sie die nächste Bilanz ziehen und was Sie bis dahin erreicht haben wollen (die Vision des erfüllten Ergebnisses gleich erfassen). Es geht hierbei nicht um buchhalterische Exaktheit, wohl aber um Sorgfalt.

Selbsterkenntnis

Die folgende Übung zur Selbsterkenntnis fragt mehr nach der PERSON (oder PERSÖNLICHKEIT), die hinter der Bilanz steht.

Bestimmen Sie *zu jedem Punkt eine* charakteristische Aussage, die momentan auf Sie zutrifft: (Hier reicht einfach ein Kreuz aus oder eine Hervorhebung durch einen farbigen Marker.)

1. Mein Leben wird bestimmt von:

- meinem Verstand
- Willen
- Erziehung
- Umständen
- Ego
- Gemüt
- Unterbewusstsein
- Krankheit
- Beruf
- Aufgabe
- Rolle (welche?)
- Vergangenheit
- Geld verdienen

- Wünsche erfüllen
- Ziele erreichen
-
-
-

2. Beruflich bin ich:

- beharrlich
- ungeduldig
- gelassen strebsam
- zufrieden
- zielsicher
- überlastet
- am Ende
- auf etwas wartend
- mich neu orientierend
-
-

3. Als Partner bin ich:

- liebevoll
- ausgeglichen
- tolerant
- ausgleichend
- anspruchsvoll
- kommunikativ
- aufmerksam
- abweisend
- einsam
-
-

4. Als Vater/Mutter bin ich:

- verständnisvoll
- jähzornig
- ungeduldig

- immer hilfsbereit
- inkonsequent
- drängend
- ein/e Freund/in
-
-

5. Zu meinen Eltern bin ich:

- liebevoll
- entfremdet
- dankbar
- angstvoll
- mit Schuld belastet
-
-

6. Meine Vergangenheit:

- war mir ein guter Lehrmeister
- ist mir gleichgültig
- bestimmt noch immer mein Leben
- ist vergangen
-
-
-

7. Gesundheitlich bin ich:

- fit
- zufrieden
- besorgt
- untrainiert
- belastbar
- gestresst
- bewusst
-
-

8. Meine Lebensaufgabe habe ich:

- erkannt
- gemeistert
- im Griff
- angefangen zu lösen
- noch nicht gefunden
-
-

9. In meiner Persönlichkeitsentfaltung bin ich:

- mit mir zufrieden
- mit mir unzufrieden
- auf dem richtigen Weg

Sie sollten jetzt *neun charakteristische Aussagen* zu sich selbst getroffen haben. Vielleicht schreiben Sie diese neun Aussagen auf einem Blatt untereinander auf und vergleichen sie miteinander.
Übergeben Sie diesen Test auch einer Ihnen nahe stehenden Person, die Sie einschätzen soll. Wie weit stimmen die Aussagen überein? Wo weichen Sie voneinander ab? Warum? Sprechen Sie miteinander darüber! (Denken Sie bitte daran, dass der andere auch kein objektiver Beobachter ist und seine Bewertung selbst subjektiv gefärbt ist.)
Vergleichen Sie Selbst-Bild und Fremd-Bild miteinander. Sehen die anderen Sie so, wie Sie sich selbst sehen, wie Sie gerne gesehen würden?
Liegt hier Harmonie oder Disharmonie vor?

Die „Sprache der Probleme“

„Die Diagnose ist die Heilung.“ Dies ist eine *Therapie der Zukunft,* die wir heute schon für uns nutzen können.

Wenn wir ein bestimmtes Krankheitsbild haben, das sich in einem Symptom äußert, so ist das eine Botschaft des Körpers. Zur Heilung auf körperlicher Ebene gehört es, *diese Botschaft zu verstehen (die eigentliche Diagnose!)* und sie durch verändertes Verhalten überflüssig zu machen. Aber nicht nur Krankheiten sind eine „Botschaft des Lebens“. *Jedes Problem will Ihnen etwas mitteilen!*

Erfolglosigkeit, Armut, Krankheit, Partnerschwierigkeiten oder andere Probleme sind die Folge einer geistigen Fehlhaltung und eine Aufforderung des Lebens, diese Fehlhaltung zu erkennen und zu beseitigen. Die Erfolgs-Bilanz Ihres Lebens soll Ihnen also Wege und Möglichkeiten aufzeigen, Ihr Leben zu ändern.

Mein Leben entspricht meinem Glauben, meinem inneren Bild. Entsprechend diesem inneren Bild erscheint mir das Leben als: Problem, Kampf, Spiel, Freude, Liebe oder einfach nur SEIN.

Jedes Problem ist für mich da, will mich zu mir selbst führen, zeigt mir, WO ich nicht ICH SELBST bin. Jedes Problem ist *eine Auf-gabe,* und oft muss ich etwas aufgeben, loslassen, mich lösen: ein Problem lösen, indem ich mich von etwas löse. *Aber immer zeigt mir mein Problem den Weg.*

Ich habe Probleme,

1. weil ich den Sinn des Lebens, meines Lebens, bisher nicht gefunden habe, meinem Weg, meine Aufgabe nicht kenne,
2. weil ich nicht ICH SELBST bin, sondern eine Rolle spiele, meine beschränkte Vorstellung vom Leben verwirkliche, anstatt mich SELBST. Weil ich nicht echt, ehrlich, authentisch bin.

Meine Aufgabe ist es, meine inneren geistigen Schätze zu heben, mein Erbe anzutreten, mich SELBST in Besitz zu nehmen. Alle meine „Probleme" zeigen mir den Weg dorthin.

In der Wüste des „Ich" liegt in der Tiefe das Öl meines wahren Seins, das es zu entdecken und zu fördern gilt, damit der innere Reichtum im Außen als Fülle in Erscheinung treten kann, damit ich ein erfülltes Leben lebe, in der Leichtigkeit des Seins.

Die „Sprache des Lebens"

Die folgende Liste zeigt Ihnen, welche *Lebensbereiche* Ihnen Botschaften vermitteln.

Sie nutzen diese Liste am effektivsten, wenn Sie zu jedem Thema die beiden Fragen stellen:

Woran erinnert mich dieser Bereich jetzt?
Welche Botschaft an mich verbirgt sich dahinter?

Gehen Sie auch diese Liste wieder *intuitiv* durch! Es geht nicht darum, ein ganzes Wochenende lang mit dem Verstand analytisch und akribisch Botschaften aufzunehmen und zu deuten, sondern *Ihrer Intuition* wieder die Gelegenheit zu geben, Ihnen „auf die Sprünge" zu helfen.

Für die Übung reicht eine Stunde völlig aus. Wenn Sie *fünf neue Botschaften* der „Sprache Ihres Lebens" verstehen, sind Sie einen riesigen Sprung vorangekommen. Wie gesagt: In der Diagnose liegt die Heilung!

- Die Botschaft meines *Körpers:*
  Wohlbefinden, Kraft, Vitalität, Motivation, aber auch das Aussehen ist eine Botschaft, denn Inhalt und Form sind identisch. So wird der Charakter sichtbar.

- Die Botschaft von *Ort und Art der Symptome* im Falle der Krankheit: Welche Unpässlichkeiten und Krankheiten habe ich immer wieder?
- Die Botschaft der *Lebensumstände, Ereignisse:* Was sagt die Art, wie ich wohne, über mich aus?
- Die Botschaft meiner *Probleme, Krisen, Schicksalsschläge:* Was klebt regelrecht an mir?
- Die Botschaft meiner *„Zufälle":* Welche wunderbaren Zufälle sind mir widerfahren?
- Die Botschaft meiner *Partnerschaft:* Wechsel, Scheidung, Alleinsein, aber auch meine Freundschaften.
- Die Botschaft meines *Berufes,* die verschiedenen Stadien, Beförderungen, vor allem aber meine wahre Berufung.
- Die Botschaft meiner *Wünsche, (Kindheits-)Träume, meiner Vision,* meiner Ziele, Pläne, Sehnsucht: Was wollen sie mir über mein wirkliches Leben sagen?
- Die Botschaft von *Glück und Pech* in meinem Leben.
- Die Botschaft durch *„Nachhilfeunterricht":* Worin unterrichten mich „Dr. Krankheit" und „Dr. Leid"? Worunter leide ich am meisten? Wie lange schon?
- Die Botschaft von Problemen und Aufgaben: Welche *wiederholen sich* immer wieder? In welche *typischen Situationen* gerate ich immer wieder?
- Die Botschaft der *Lektionen:* Welche erhalte ich gerade von „Dr. Alltag"? Lebe ich zum Beispiel stets am Dispositionslimit?
- Die Botschaft meines *persönlichen Erfolges:* Was sagt er aus über meinen Lebensweg? Ist mein persönlicher Erfolg auch mein beruflicher?

- Die Botschaft meines *Wohlstandes, Reichtums:* Was sagt mein Besitz über mich aus? Was verstehe ich überhaupt unter Wohlstand?
- Die Botschaft meiner *Gefühle,* meiner Vorlieben und Ablehnungen: Was lehne ich ganz heftig ab? Was sagt das über mich aus?
- Die Botschaft meiner *Hobbys:* Verbirgt sich meine Berufung darin?
- Die Botschaft der *Freude* in meinem Leben: Wann freue ich mich besonders? Wodurch? Wie?
- Die Botschaft meiner *Ernährung* als Spiegel meines Bewusstseins: Was sagt die Art der Ernährung über mich aus?
- Die Botschaft meiner *Kleidung* (Art, Farbe, Schmuck): Drückt sie meine Aura aus? Was für eine Aura hüllt sich in eine solche Kleidung?
- Die Botschaft meiner *Wohnung:* Was für ein Mensch fühlt sich in einer solchen Wohnung zu Hause?
- Die Botschaft meines *Wohnortes* (Berge – Meer – Großstadt – Kleinstadt – Land). Fühle ich mich wohl, und passe ich in die Gegend, unter diese Leute? Warum? – Warum nicht?
- Die Botschaft meiner *Nachbarn:* Was spiegeln sie über mich wider? Sind es Freunde oder Lehrer?
- Die Botschaft meiner *Haustiere:* Wie würde ich mein Haustier charakterisieren?
- Die Botschaft meines *Gartens:* Wildwuchs – gepflegt – ein Kunstwerk? Wie bin ich als Gärtner? Bin ich auch in anderen Lebensbereichen so? Was sagt das über mich aus?

- Die Botschaft meiner *Verhaltensmuster:* Wo erkenne ich bei mir selbst „Ticks“? Was nervt andere an mir besonders? Was könnte das über mich aussagen?
- Die Botschaft meiner *Hindernisse, Blockaden:* Über welchen Schatten kann ich nie springen? Welche Ängste können dahinter verborgen sein?
- Die Botschaft meiner *Möglichkeiten,* Kräfte, Fähigkeiten und Chancen: Wo bin ich ganz besonders gut? Welches Potenzial ist noch verborgen?
- Die Botschaft meiner *Lieblingsfarbe, Land, Musik* usw.: Sagt meine Lieblingsfarbe etwas über mein vorherrschendes Chakra aus? Was verrät meine Nationalität? Bin ich „typisch deutsch“? Welche Musik höre ich besonders gerne (Harmonie – Disharmonie)? Was sagt das über meine Seele, meinen seelischen Zustand aus?
- Die Botschaft von *Sympathie und Antipathie* anderen gegenüber: Wer ist mir besonders sympathisch, wer besonders unsympathisch? Was sagt das über mich aus?
- Die Botschaft im *Verhalten anderer* mir gegenüber: Suchen Sie meine Nähe, oder meiden sie mich eher? Welche Botschaft vermitteln sie mir durch ihr Verhalten?
- Die Botschaft im *Geburtsdatum, Namen:* Erkenne ich in meinem Sternzeichen eine Botschaft? In meinem Namen (was bedeutet er?)?

Welche *fünf Bereiche* drängen sich als Botschafter Ihres Lebens jetzt ganz besonders auf? Schreiben Sie auf, welche Botschaft Sie darin erkennen.

Alle diese Botschaften wollen mir helfen, „stimmig" zu leben. *Dann lebe ich im Tao**, und da ich stimme, stimmt auch jedes Ergebnis, mein ganzes Leben.

Ich kann aber dem Leben auch ein bestimmtes, erwünschtes Ergebnis vorgeben und gestatte dem Leben, dafür die erforderlichen Voraussetzungen und „Zufälle" zu schaffen. Auch das sind dann *Botschaften der Erfüllung!*

Durch die Bilanzierung Ihres Lebens, das Verständnis für „die Sprache Ihres Lebens", sollten Sie bei der *Schaffung der Erfolgs-Voraussetzungen* bereits ein gutes Stück vorangekommen sein. Reflektieren Sie nun noch einmal über Ihr Leben. In welchen Bereichen möchten Sie sich entwickeln, was möchten Sie jetzt für Ihren Lebens- und Berufserfolg optimieren?

---

* **TAO** ist die alte chinesische Lebensphilosophie, begründet wahrscheinlich von Laotse. Aus dieser Lehre ist das **Yin-Yang** bekannt: die Einheit (Tao) der Gegensätze (Yin und Yang). „Im Tao leben" steht hier für: voll und ganz im Einklang, in Harmonie und Ausgeglichenheit mit sich selbst zu sein. Nicht mehr durch das Leben hetzen, sondern in Gelassenheit und Hingabe das Leben genießen: Alles ist gut, so wie es ist.

Erfolgskontrolle:

- Sie haben *das Hauptpotenzial Ihres Wachstums* anhand der Tabelle mit den wichtigsten Lebensbereichen erkannt.
- Sie haben durch Ihre Lebens-Bilanz die wichtigsten Aufgabenfelder *in den nächsten fünf Jahren* erkannt.
- Sie haben in der *Selbsterkenntnis* gewonnen (neun charakteristische Aussagen über sich), einen großen Schritt voran getan, insbesondere, da Sie Ihr Selbstbild mit dem Bild verglichen haben, das andere von Ihnen haben.
- Sie haben *fünf neue Botschaften* aus Ihrem Leben deuten (diagnostizieren) können.
- Sie haben sich *die Bereiche* ausgesucht, in denen Sie Ihre Erfolgs-Voraussetzungen bedeutend verbessern wollen.

Nach diesem dritten Schritt sind Sie sich jetzt der großen Linie Ihres Lebens (Schritt 1) und Ihrer IST-Situation auf Schwingungs- (Schritt 2) und Handlungsebene (Schritt 3) vollkommen bewusst.

Sie haben *ein starkes Identitätsgefühl,* wissen, wer Sie sind, wenn auch noch nicht alles optimal ist. Aber Sie fühlen sich in Ihrer Haut wohl, akzeptieren sich selbst, sind mit sich in Einklang gekommen, kennen das Gefühl, mit sich zufrieden (in Frieden) zu sein. *Das ist die Quintessenz der ersten drei Schritte zur Erfolgs-Persönlichkeit.*

4. Schritt: Loslassen, was den Erfolg behindert

Das *Geheimnis des Erfolges* liegt nicht in „harter Arbeit“ (auch wenn dann und wann Fleiß notwendig ist), sondern darin, in ein Lebensgefühl zu kommen, das ich als *„Leichtigkeit des Seins“* beschreiben möchte.

Dies zeichnet auch einen echten *Meister* aus: Sein unnachahmlicher Erfolg (weil einzigartig und originell) vollzieht sich immer in Leichtigkeit.

Um in diese Leichtigkeit zu kommen, ist Ballast abzuwerfen: *Loslassen, was den Erfolg behindert, was die Leichtigkeit des Seins noch erschwert.*

Ge-lassen-heit kommt von LOSLASSEN

Die Leichtigkeit des Seins hat viel mit Gelassenheit zu tun: Gelassen sein heißt, die anderen so lassen können, wie sie sind, mich selbst annehmen können, wie ich bin.

Häufig wird Gelassenheit mit Lässigkeit oder gar Nachlässigkeit verwechselt. In Wirklichkeit kommt Gelassenheit aus der *Ausgeglichenheit von Seele und Geist.* Gelassenheit ist etwas Herrliches und der reinste Ausdruck seelischer Gesundheit. Sie wird bei Meistern bewundert und ersehnt. *Wer gelassen ist, hat eine hohe Stufe menschlichen Seins erreicht, ist seelisch unverwundbar geworden.*

Gelassenheit hat auch nichts mit einem „dicken Fell“ zu tun. Wer ein dickes Fell besitzt, ist nur dickhäutig – und damit stumpf. Auch wer sich einredet, dass er „über den Dingen steht“, weil er Erfolg im Leben hat oder hohes Ansehen genießt, ist deshalb noch nicht gelassen. Diese zur Schau gestellte *Scheingelassenheit* bricht unter Belastungen schnell zusammen.

Wahre Gelassenheit ist deshalb so selten, weil sie nicht durch einen Schnellkurs in Psychotechnik erworben werden kann, sondern nur durch eine Änderung meines So-Seins. Gelassenheit stellt sich nicht von selbst ein, sondern ist ein Ausdruck geistig-seelischer Größe. Je mehr ich ICH SELBST bin, desto gelassener bin ich.

Werde, der du bist!

Wie aber werde ich ICH SELBST? Wie gelange ich zum wahren SEIN, zur Quelle meines meisterhaften Erfolges?

Da ich ICH SELBST schon bin und schon immer war, brauche ich es gar nicht mehr zu werden, ich brauche *nur zulassen,* wirklich ICH SELBST zu sein.

Das erreiche ich, indem ich alles loslasse, was nicht oder nicht mehr zu mir gehört. Indem ich so eins nach dem anderen loslasse, werde ich immer mehr ICH SELBST und damit *immer gelassener, aber auch immer herzlicher.* Ich brauche mich dann nicht mehr darum zu kümmern, ob dieses richtig oder jenes falsch ist, sondern nur noch, ob es „stimmt“, ob es zu mir gehört, ob es JETZT so für mich stimmt.

Materielle Gegebenheiten und Bindungen werden dann als „gleichgültig“ angesehen und Belastungen als „Auf-Gaben“ des Lebens freudig gelöst. *Dieses Gelöstsein zeigt sich auch körperlich:* Sie sind frei von Muskelverspannungen, und Ihre Bewegungen sind auffallend anmutig.

Zu dieser Gelassenheit gehört auch, *weniger zu arbeiten und besser zu leben.* Das geht und ist kein großes Geheimnis. Wenn Sie tagtäglich *qualitativ hochwertige Leistung* erbringen wollen, sollten Sie sich unbedingt auch *qualitativ hochwertige Freizeit* leisten. Wenn Sie meinen, Sie könnten sich keine hochwertige Freizeit leisten, dann kann es sein, dass

Sie sich, wenn Sie so weitermachen, bald gar nichts mehr leisten können.

Erfolgreich zu sein heißt auch *Zeit haben, fit sein, genießen und wirklich leben und nicht nur viel erledigen:* Das ist Leben in der Leichtigkeit des Seins.

Der *Ego-Gesteuerte* will immer allen beweisen, wie stark er ist, um sich ruhig und sicher zu fühlen. Er braucht hierzu die Bestätigung durch die anderen. Weil er kein inneres SELBST-Wertgefühl besitzt (er kennt nur sein Ego, aber nicht sein SELBST), braucht er äußere Sicherheit und Anerkennung.

Der *SELBST-Bewusste* fühlt seine innere Stärke und unerschütterliche Sicherheit. Er lebt sie und braucht hierzu keine äußeren Beweise. Er geht gelöst und leicht durch die Welt, angstfrei, aggressionsfrei, unbeschwert von der Vergangenheit und unbelastet von Zukunftssorgen – in einem *Zustand seelischer Herzlichkeit, körperlicher Leichtigkeit und geistiger Frische.* Er lebt bewusst im Hier und Jetzt, erfüllt bewusst jeden Augenblick.

Den „Rucksack der Vergangenheit" ablegen

Was heißt das? Ich erkenne, dass *alles, was ich in diesem Rucksack mit mir herumschleppe, nicht wirklich zu mir gehört.* Ich kann den Rucksack ablegen und brauche nur als ICH SELBST zu leben.

Mit dieser Einstellung erkenne ich im richtigen Augenblick, was JETZT loszulassen ist, jetzt aus dem Rucksack auszupacken ist – dann stimmt es auch.

Denn die Dinge, die ich im Rucksack habe, sind ja dort nicht ohne Grund. Entscheide ich nur mit dem Verstand, sie jetzt loszulassen, weil es so angenehmer wäre, nehme ich mir vielleicht eine wichtige Chance: Denn vielleicht sind mir diese Dinge als „Stolpersteine" in den Weg gelegt, damit ich bestimmte Schritte tun muss – in Wirklichkeit sind es „Meilensteine“. Räume ich sie weg, fehlt mir die Orientierung.

Lebe ich aber als ICH SELBST, zeigt mir das Leben intuitiv und durch „Zufälle“, WANN WAS zu tun ist, nach und nach und ganz VON SELBST.

Von Vorteil ist es, sich anzugewöhnen, gleich beim ersten Mal sein Bestes zu geben; denn wer das erste Knopfloch verfehlt, der kommt mit dem Zuknöpfen nicht mehr zurecht und muss wieder ganz von vorn anfangen. Wenn man in jedem Augenblick das Beste gibt, kann man es auch loslassen, ist es erst einmal geschehen. Macht man seine Arbeit halbherzig, kann man sie nicht loslassen, versucht man es doch, kommt sie immer wieder zurück.

Loszulassen ist also die Vergangenheit, und zwar aufgrund der Erkenntnis, dass sie vorbei ist und nie mehr wiederkommt. Warum also sollte ich sie noch immer mit mir herumschleppen? Also lasse ich los, an was ich hänge (es macht abhängig): alte Vorstellungen, Grenzen, Ziele, überholte Programme, Muster und Prägungen. Negatives Denken ebenso wie ein negatives Selbstbild, die Rolle, die ich spiele, ebenso wie meine Erziehung, Umwelteinflüsse und damit Normen und Klischees. Ich lasse auch den (inzwischen) „falschen“ Beruf los, lasse ganz bewusst alles los, was nicht mehr wirklich zu mir gehört, und bin endlich frei, ICH SELBST zu sein.

Dieses Loslassen geschieht zunächst in Gedanken. Den nicht mehr zu mir passenden Beruf lasse ich erst geistig los („innere Kündigung“), um frei zu sein für meine *wahre Berufung.* Doch auch wenn ich den nicht mehr stimmigen Beruf, den Partner oder die Wohnung zunächst geistig loslasse, gebe ich immer noch mein Bestes. *Denn ansonsten werde ich es nicht in Liebe loslassen können.* Und was ich nicht in Liebe loslassen kann, das habe ich nicht wirklich losgelassen.

Selbstmitleid loslassen

Selbstreflexion: Selbstmitleid bewusst machen

Notieren Sie bitte zunächst einmal, gegenüber welchen Situationen oder welchen Menschen Sie Selbstmitleid empfinden:

____

____

____

____

Wo sind Sie völlig „ungerecht behandelt" worden, und wo tut es Ihnen noch richtig weh? Wer hat Sie so verletzt, dass Sie sich als „armes Opfer" fühlen und bemitleiden? Wo haben Sie den Eindruck, dass andere Ihre Güte „schamlos ausnutzen"?

Bitte machen Sie sich drei Situationen bewusst, in denen Sie Selbstmitleid verspüren.

Die Vergangenheit können wir nicht mehr ändern. Da hilft kein Selbstmitleid, doch die Gestaltung der Zukunft ist uns möglich, sofern uns das Selbstmitleid nicht in die falsche Richtung schauen lässt (nämlich nach hinten). In der Zukunft ist noch alles möglich, deshalb sollten wir niemals unsere Kraft durch Selbstmitleid vergeuden. Schließlich haben wir unser Schicksal doch selbst verursacht, und wir sind die Einzigen, die es ändern können, also frisch ans Werk! Wir brauchen unsere ganze Kraft für die bewusste Gestaltung unserer Zukunft.

Selbstmitleid ist das Gefühl des OPFERS und hält mich in dieser Rolle. Und Opfer gestalten keine Zukunft, sondern lassen alles auf sich zukommen. (Es heißt ja auch Zukunft und nicht Zu-kommt.)

Selbstmitleid ist völlig überflüssig, da ich ja die beklagten Umstände jederzeit ändern kann, indem ich die Opferrolle hinter mir lasse. Nur dadurch werden wir anders, während Selbstmitleid nichts ändert. Damit raube ich mir nur die Kraft und vertue meine Zeit und belaste meine Gesundheit. Sobald ich auch nur eine Spur von Selbstmitleid bei mir entdecke, *erfasse ich es und löse es auf, bevor es mich erfassen kann.* Sich selbst bedauern schwächt, man wird wertlos für die Gesellschaft und sich selbst eine Last, außerdem macht man sich mit seiner destruktiven Haltung unbeliebt. *Das führt letztlich zur Depression,* in der man sich selbst immerzu bedauert, sich und letztlich auch seine Umgebung erschöpft.

Reue ist eine andere Form des Selbstmitleids. Bei Reue bedauern wir, in der Vergangenheit als „Täter" etwas falsch gemacht zu haben. *Auch Reue ist loszulassen!* Reue ist nur Ausdruck von Schuldgefühlen und ändert überhaupt nichts.

Sie können Ihr Leben statt dessen einfach ändern, indem Sie jedes Mal, wenn Sie denken: *„Wenn nur ..."* diese Worte gleich umformen zu: *„Das nächste Mal ..."!* Das nächste Mal werde ich offen sprechen. Das nächste Mal werde ich meine Chance ergreifen.

Machen Sie es sich zur Gewohnheit zu tun, was zu tun ist, wenn das nächste Mal gekommen ist.

Schuldgefühle loslassen

Selbstreflexion: Schuldgefühle erkennen

Notieren Sie sich bitte die Schuldgefühle, die Sie zur Zeit belasten:

____

____

____

____

Wem gegenüber hegen Sie Schuldgefühle? Wie können diese Schuldgefühle beschrieben werden?

Nehmen Sie am besten eine Liste aller Ihnen besonders nahe stehenden Menschen, und klären Sie bei jedem einzelnen ab, ob Sie ihm gegenüber Schuldgefühle haben. Beginnen Sie z.B. bei Ihren Eltern und Kindern.

Viele Menschen quälen sich durch Schuldgefühle. Schuldgefühle sind gegenüber Selbstmitleid schon ein „Vorteil". Selbstmitleid kennt nur ein Opfer. *Ein „Täter" jedoch hat Schuldgefühle, wenn er meint, in der Vergangenheit etwas falsch gemacht zu haben. Er übernimmt wenigstens gefühlsmäßig die Verantwortung!*

Die befreiende Erkenntnis ist, dass keiner durch die Schule des Lebens gehen kann, ohne Fehler zu machen. Das Dümmste ist, mir deshalb Schuldgefühle zu machen oder einreden zu lassen. Das viel Klügere ist, *aus meinen Fehlern zu lernen,* sie als Chance zu erkennen, mein Verhalten entsprechend zu ändern, sobald ich es als Fehler erkannt habe, und es vor allem in Zukunft besser zu machen.

Ich befreie mich von Schuldgefühlen durch die Erkenntnis, dass es in Wirklichkeit keine Schuld gibt, sondern nur mangelndes Verstehen oder mangelndes Wollen. Ich löse beides durch mein bewusstes Streben nach Erkenntnis und durch meine Bereitschaft auf, mich entsprechend meiner Erkenntnis zu verhalten.

Unbewusste, hochgeladene Komplexe (wie Schuldgefühle) werden täglich mit frischer Lebensenergie „belebt“. Das verbraucht sehr viel Lebenskraft. Solange sie im Unbewussten ruhen, sind sie nur indirekt und nicht voll wirksam. Erst, wenn sie ins Tagesbewusstsein steigen, wirken sie unmittelbar in unser Leben. Doch dann können sie besser erkannt und auch verändert werden.

Werden solche Komplexe wie Schuldgefühle dann *mental „umerlebt“* (wir kommen auf diese Technik zurück!), können sie aufgelöst werden. So wird Energie frei!

Diese energetisch hochgeladenen Komplexe verlangen dann nicht mehr täglich nach neuer Energie. Die sonst hierfür benötigte Energie wird bei der Auflösung ebenfalls frei und steht sofort als Energie (z.B. als Freude) zur Verfügung. Mit anderen Worten: Menschen, die sich von Schuldgefühlen und ähnlichen Komplexen befreit haben, haben viel mehr Energie zur Verfügung, durch sie fließt viel mehr Lebensenergie.

Tritt also ein *Ereignis der Vergangenheit* in mein Bewusstsein, bei dem ich mich nicht meiner heutigen Erkenntnis entsprechend verhalten habe, so „erlebe ich es mental um“, so dass es dem Grad meines aktuellen Bewusstseins entspricht, und verhalte mich auch in Zukunft entsprechend. *Ich anerkenne, dass ich damals noch nicht fähig oder willens war, es besser zu machen, und bin dankbar, dass ich es heute besser weiß und willens bin, es auch zu tun.*

Aus dieser Erkenntnis heraus
VERZEIHE ICH MIR
und BIN FREI !

Sollte es sich jedoch nicht nur um Schuldgefühle, sondern *tatsächliche Schulden* handeln, so ist dies ein ernst zu nehmendes Erfolgshindernis!

Schulden verhindern, dass ich Achtung vor mir selbst habe und mich in mir wohl fühlen kann. Sie sollten daher auf jeden Fall bezahlt werden, ganz gleich, wann und wodurch sie entstanden sind. Hier ist „Großzügigkeit" sich selbst gegenüber nicht angebracht, denn schon in der Bibel heißt es: „Keiner kommt von dannen, ehe der letzte Heller bezahlt ist." Es ist oft keine leichte Sache, aber man fühlt sich unsagbar wohl, wenn man es endlich hinter sich gebracht hat und schuldenfrei ist! Alles ist wieder frei, gelöst, einfach wunderbar.

Schulden loslassen heißt ganz einfach: Sie bezahlen sie.

Negative Gefühle loslassen

Selbstreflexion: Negative Gefühle aufspüren

Wo werden Sie von Gefühlen überwältigt, die *negativ*, d.h. keine Gefühle der Freude und der Liebe, sind?

Beschreiben Sie, wovor Sie Angst haben, was Sie ärgert und aufregt, was Sie richtig wütend macht, wann Sie sich minderwertig fühlen, nicht liebenswert.

Fragen Sie sich dabei nicht, ob es berechtigt ist oder nicht. Lassen Sie einfach diese Gefühle ins Bewusstsein treten.

Wenn ich Selbstmitleid und Schuldgefühle losgelassen habe, kann ich andere negative Gefühle, die mich an die Vergangenheit binden, leichter loslassen. Dazu gehören Angst, Ärger, Aggression und Minderwertigkeitsgefühle.

Die Erkenntnis, dass meine Angst mir nur zeigen will, dass ich nicht ICH SELBST bin, dass mein Bewusstsein *eng* ist, hilft mir, diese Angst loszulassen. Meine Angst ist nur eine Chance und Aufforderung, *mein Bewusstsein zu erweitern* und mich wieder daran zu erinnern, wer ich wirklich bin. Es gibt nichts, das ich wirklich fürchten müsste, weil ich selbst verursache, was mir widerfährt, und das kann ich jederzeit ändern.

Die Erkenntnis, dass ärgern *alles nur noch ärger macht,* hilft mir, den Ärger loszulassen. Mein Ärger verbessert die ärgerliche Situation in keiner Weise oder ändert sie nicht. Ich sollte mir auch bewusst sein, dass *nichts und niemand auf der Welt die Macht hat, mich zu ärgern* (es sei denn, ich gebe diese Macht ab!). Ärgern kann ich immer nur mich selbst, und natürlich bin ich auch der Einzige, der *das Ärgern jederzeit lassen kann, z.B. ab JETZT!*

Die Erkenntnis, dass nur ein hilfloses Opfer aggressiv ist, hilft mir, meine Aggressionen loszulassen. Meine Aggression aber ändert gar nichts, macht mich nur unbeliebt und mir selbst das Leben schwerer, als es ist. Also mache ich mir bewusst, wogegen ich eigentlich in Wirklichkeit bin und warum – und dann packe ich an, helfe mir selbst und gestalte mein Leben, bis es mir gefällt.

Und die Erkenntnis, dass niemand minderwertig ist, da jeder ein Teil des einen Bewusstseins ist, ein Teil der einen Kraft, die alles geschaffen hat und es ständig neu werden lässt, hilft mir, meine Minderwertigkeitsgefühle loszulassen. Niemand steht über mir, aber es steht auch niemand unter mir, *wir sind alle gleich, nur unterschiedlich erwacht.*

Negatives Denken loslassen

Selbstreflexion: Negativität aufspüren

Wo können Sie in Ihrem Denken *Negativität* feststellen? Wo denken Sie nicht konstruktiv und aufbauend, sondern „kritisch"? Was haben Sie ständig zu kritisieren?

Der Kern negativen Denkens ist das Opferbewusstsein: Denken aus der Haltung des Opfers heraus.

Negatives Denken ist weit mehr als nur die negative Bewertung einer „Tatsache". Nehmen wir den Satz, der alltäglich zu hören ist: *„Ich bin im Stress!"* Das ist nicht eine neutrale Aussage über eine „Gegebenheit", sondern eine negative Aussage. *Denn so äußert sich ein Opfer!* Denn die Aussage bedeutet in anderen Worten: Nicht ich beherrsche die Zeit, sondern die Zeit beherrscht mich!

Die Erkenntnis, dass Stress nur entstehen kann, wenn ich versuche, in der zur Verfügung stehenden Zeit mehr zu schaffen, als in der Zeit zu schaffen ist, hilft mir, Stress loszulassen. *Sobald ich das Missverhältnis zwischen Wollen und Können (aktiv und selbstverantwortlich!) beseitige, verschwindet der Stress, wie er gekommen ist – ganz von selbst und für immer.*

Die Erkenntnis, dass ich offensichtlich bis jetzt in einer *Täuschung* gelebt habe, hilft mir, meine Ent-täuschungen loszulassen. Ein anderer Mensch hat gerade schmerzhaft diese Täuschung beendet. Im Grunde müsste ich ihm nur dankbar sein, dass er mich auf die Wirklichkeit aufmerksam macht, denn *nur wenn ich in der Wirklichkeit lebe, habe ich eine Chance, sie zu ändern und nach meinen Wünschen zu gestalten.*

Loszulassen sind auch meine Erwartungen aus der Erkenntnis, dass ich *dann nicht mehr zu enttäuschen bin,* denn vor jeder Enttäuschung steht immer eine Erwartung. Lasse ich meine Erwartungen los, kann man mich nicht mehr enttäuschen, aber auch nicht mehr ärgern, beleidigen, verletzen, kränken usw. Sobald ich meine Erwartungen losgelassen habe, bin ich endlich *offen für das Leben, so wie es wirklich ist.*

Loszulassen sind auch Egoismus, Eitelkeit und Neid. Worum sollte ich auch einen anderen beneiden, wenn ich selbst alles erreichen kann? Aber auch das Schwarzsehen ist eine unnötige seelische Belastung. Wenn Sie einmal Ihre Sorgen anschauen, die Sie sich gemacht haben, werden Sie feststellen, dass die meisten sich nicht bewahrheitet haben. Seien Sie auf das Schlimmste vorbereitet, aber erwarten Sie immer das Beste.

Loszulassen ist die Gewohnheit, die Dinge hinauszuzögern, vor sich herzuschieben, die gestern schon hätten erledigt sein sollen. Es ist die Gewohnheit, vor unangenehmen Situationen davonzulaufen, statt sie dann zu meistern, wenn sie auftauchen. Loszulassen ist *die Gewohnheit, zu viel zu reden und zu wenig zuzuhören,* denn man lernt nichts, wenn man selbst redet, aber man kann immer etwas lernen, wenn man wirklich zuhört. Loszulassen ist *das Verlangen nach Rache* für tatsächliche oder eingebildete Kränkungen durch andere. Denn niemand hat die Macht, Sie wirklich zu kränken.

Letztlich lasse ich auch meinen Eigenwillen los. Denn das Leben will ohnehin das Beste für mich. Ich lasse los, gefragt werden zu wollen, verstanden werden zu wollen, beachtet und geliebt werden zu wollen, Recht haben zu wollen, mich durchsetzen zu wollen, es besser wissen zu wollen. Lasse los, mehr sein zu wollen als andere, ja sogar ein guter Mensch sein zu wollen. Ich lasse auch los, siegen zu wollen, glücklich sein zu wollen, lasse letztlich los, überhaupt zu wollen, und *bin endlich frei, IM HIER UND JETZT zu sein, wie ich bin und wer ich bin.*

Die Affenfalle

Wie wichtig *Loslassen für diese Freiheit* im Hier und Jetzt ist, macht eine kleine Geschichte deutlich, die ich immer wieder erzähle, weil sie den Kern der Sache so deutlich macht:

In Süd-Indien werden Affen auf eine verblüffend einfache Art gefangen: Man macht in eine hohle Kokosnuss, die man stabil an einem Baum befestigt hat, ein kleines Loch, gerade groß genug, dass eine Affenhand

hinein passt. Dann legt man einen Leckerbissen hinein und entfernt sich etwas. Ein Affe kommt, und es passiert immer wieder das Gleiche: Kaum ist der Jäger weit genug weg, kommt der Affe, greift in die Kokosnuss, hat den Leckerbissen in der Hand, will sie herausziehen – und hängt fest!
Er müsste nur wieder loslassen und könnte die Hand herausziehen, aber genau das macht er nicht! Er schreit und zieht. Der Jäger kommt und fängt den Affen ganz einfach.

Dummheit des Affen?! Es kommt uns doch so vertraut vor: das Naheliegende nicht loslassen können und damit große Probleme riskieren. Auch wir sind oft nicht in der Lage, loszulassen – und stecken so in der Falle. Dabei hat jeder eine andere Kokosnuss.

Woran halten Sie noch fest? Wovon sind Sie noch ab-hängig?

Selbstreflexion: Ihre „Kokosnuss"

Erstellen Sie jetzt Ihre noch aktuelle „Festhalte-Bilanz"! Beantworten Sie die Fragen auf einem separaten Blatt, und versehen sie es mit Datum. Sie werden damit auch in der Folge weiterarbeiten können.

- Was an meiner Vergangenheit bindet mich noch? („Falsch gefällte" oder überholte Entscheidungen, …)
- Von welchen Lebensumständen bin ich abhängig? (Arbeit, Partner, …)
- Wo empfinde ich mich in meinem Leben als OPFER? (Misshandlung, Ausbildung, „übers Ohr gehauen" …)

- Wofür fühle ich mich schuldig?
- Was flößt mir noch Angst und Furcht ein? (Arbeit verlieren, Partner verlieren, Krankheit …)
- Bin ich in finanziellen Dingen abhängig oder frei?
- Was verärgert mich immer wieder? Worüber habe ich mich zuletzt „maßlos" geärgert?
- Wann bin ich in letzter Zeit unkontrolliert aggressiv und wütend geworden?
- In welchen Situationen und von wem fühle ich mich unbeachtet, ungeliebt, heruntergeputzt, klein gemacht?
- Wann gerate ich in Stress?
- Welche Erwartungen habe ich an andere Menschen? Habe ich diese Erwartungen auch geäußert, so dass der andere sie versteht?
- Welche Enttäuschungen habe ich jüngst erlebt?
- In welcher Hinsicht fühle ich mich anderen gegenüber „im Recht"? Welche aufreibende „Rechthaber-Diskussion" habe ich in letzter Zeit geführt?
- Wen beneide ich?
- Welche (schädlichen) Gewohnheiten und Verhaltensweisen kann ich noch nicht loslassen? (Rauchen, Alkohol, Fernsehkonsum, Süchte …)

Wohlstands-Bewusstsein schaffen und Mangel-Bewusstsein loslassen

Wenn alles das, was für den *durchbrechenden Erfolg* (den ersehnten Durchbruch) zu tun ist, auf *einen Punkt* gebracht werden kann, so ist es: Mangel-Bewusstsein loslassen und Wohlstands-Bewusstsein annehmen.

Wohlstands-Bewusstsein ist wie ein *Diamant,* der noch von Schmutz und Schlacke verhüllt ist.

Mangel-Bewusstsein ist all das Äußere, das den Diamanten so unansehnlich werden lässt. Aber der Diamant ist da! Er muss nur noch von Schmutz und Schlacke gesäubert werden! Und wenn die Schlacke beseitigt ist (das Mangel-Bewusstsein), dann kann der in Erscheinung getretene Diamant auch noch geschliffen werden.

Jeder trägt in sich ein *Wohlstands-Bewusstsein: wie es ist, wenn alles wohl steht.* Es ist kein rein materialistisches Bewusstsein, schließt aber auch äußeren Reichtum als Lebensausdruck mit ein. Legen Sie Ihren inneren Diamanten jetzt frei, indem Sie sich von Ihren Schlacken befreien!

Noch nie hat es jemand geschafft, mit einem Mangel-Bewusstsein geistigen wie materiellen Wohlstand zu erreichen. Das eine schließt das andere absolut zuverlässig aus.

Wohlstands-Bewusstsein zu entwickeln beginnt damit, dass ich das Mangel-Bewusstsein loslasse. *Der Kern des Mangel-Bewusstseins liegt in negativen Kern-Glaubenssätzen.*

Lassen Sie uns solche Glaubenssätze jetzt aufspüren!

Übung: Glaubenssätze aufspüren

Gehen Sie doch einmal, am besten schriftlich, alle Ihre verschiedenen Lebensbereiche in Gedanken durch, und schreiben Sie auf, wovon Sie in diesem Bereich überzeugt sind. Die vielen Listen, die Sie bisher angefertigt haben, sind eine hervorragende Hilfe, diese noch festsitzenden Kern-Glaubenssätze des Mangel-Bewusstseins festzustellen.
Schreiben Sie nicht auf, was Sie in diesem Bereich denken sollten oder wollen, sondern *was Sie wirklich glauben,* wovon Sie zutiefst überzeugt sind. Schreiben Sie diese Vorstellungen und Überzeugungen *auf die linke Seite eines Blattes* (meistens werden Sie mehrere Blätter brauchen), und auf die rechte Seite schreiben Sie dann eine entsprechende neue Überzeugung, die Ihrem jetzigen Wertmaßstab entspricht.

Das könnte etwa so aussehen:

linke Spalte	rechte Spalte:
Man kann im Leben nicht alles erreichen.	Ich erreiche im Leben, was immer ich wirklich will.
Es ist schwer, wirklich gute Freunde zu finden.	Ich bin selbst ein guter Freund und finde viele Freunde.
Man kann sich nicht alle Wünsche erfüllen.	Ich erfülle mir jeden Wunsch, der mir wirklich wichtig ist.
Erfolg zu haben ist mühsam.	Erfolgreich sein macht Freude.

Ich habe nie genug Zeit für das, was ich tun will	Ich habe immer genügend Zeit für alles.
Krankheiten sind unvermeidbar.	Mein harmonisches Bewusstsein bestimmt meine Gesundheit.
Man wird im Leben immer wieder enttäuscht.	Ich gestalte frei die Umstände meines Lebens.
Man muss damit rechnen, dass nicht immer alles glatt geht.	Es geschieht immer genau das, was ich verursache.
Man kann nicht immer so, wie man will.	Ich erreiche im Leben, was immer ich wirklich will.
Seinem Schicksal kann man nicht entrinnen.	Ich bestimme mein Schicksal selbst.
Mit den Jahren wird Freude immer seltener.	Mein Leben wird immer erfüllender.
Die Jugend geht viel zu schnell vorbei.	Man ist so jung, wie man sich fühlt.

Schaffen Sie sich auch in Bereichen *positive Glaubenssätze,* in denen Sie vielleicht keine negativen Muster vorfinden. Hier einige Beispiele für hilfreiche Affirmationen:

- Es gibt immer eine Lösung.
- Ich kann die Aufgabe JETZT lösen.
- Ich bekomme immer rechtzeitig alles, was ich wirklich brauche.

- Das Leben bietet mir viele Möglichkeiten, dem Ganzen zu dienen und dabei mein Einkommen beliebig zu steigern.
- Ich bin dankbar für einen endlosen Strom praktischer Ideen, die das Leben mir schickt, um immer erfolgreicher zu werden.
- Alles will mir nur dienen und helfen.
- Ich erkenne und nutze meine Chancen.

Im gleichen Augenblick beginnen diese *Affirmationen** unaufhörlich als positive Kern-Glaubenssätze für Sie zu arbeiten:

Ich bin ein liebenswerter Mensch.
Ich liebe und achte mich.
Ich verdiene Gutes und Wertvolles.

Zum Nachdenken:

Kennen Sie das? Sie haben ein „Tief", und Ihre „Therapie" besteht darin, dass Sie Wohnung / Haus wieder einmal so richtig aufräumen: alles ausmisten, was hier nicht mehr hingehört. *Denn bevor Neues kommen kann, muss erst einmal Altes ausgemistet werden,* muss Raum, ja ein Vakuum geschaffen werden, das Neues anzieht. Nach diesem „Aufräumen" ist es Ihnen wesentlich besser gegangen. Stimmt´s?

Wenn wir in diesem vierten Schritt geistigen Müll ausmisten, können Sie dieses *„Platz schaffen für Neues"* auf Ihr ganzes Leben ausdehnen: Sich von allem befreien, was Sie nicht wirklich mehr brauchen, nicht nur inneren, sondern auch äußeren Ballast abwerfen, ein richtiges „Großreinema-

---

* Unter **Affirmationen** versteht man positive und liebevolle Gedanken, die man wie ein Samenkorn in die Erde pflanzt. Sie sollten gepflegt und täglich gegossen werden (z. B. durch lautes Vorlesen mit neuer Energie laden).

chen" in Ihrem Leben. Vielleicht sehen Sie darin sogar eine *Lebenswende* und fragen sich:

- Was an äußerem Besitz genügt mir?
- Was würde ausreichen für ein „einfaches Leben"? Wovon kann ich mich „leichten Herzens" trennen?
- Wo kann ich „Ansammlungen" auflösen (etwa komplette Schuhkollektionen, alte Zeitschriften)?
- Was ist bezüglich meiner beruflichen Arbeit auszumisten?
- Hat das Geldverdienen mich schon so im Griff, dass ich gar nicht dazu komme, auch zu leben?
- Von welchen „falschen Freunden" sollte ich mich trennen?

Erfolgskontrolle:

Fühlen Sie sich unbeschwert und erleichtert? Kommen Sie schon in die Leichtigkeit des Seins?

- Sie haben in *verschiedenen Listen* notiert, was Sie loslassen möchten. Streichen Sie alles aus, was Sie schon losgelassen haben. Es macht durchaus Sinn, einen solchen *Zettel richtig zeremoniell zu verbrennen und in Luft aufzulösen.*

- Sie haben gelernt, *durch Liebe, Verzeihen und Vergebung* loszulassen.

Ob Sie wirklich erfolgreich „losgelassen" haben, ist aber nicht an der Durchführung von Aufgaben zu erkennen, sondern an einem neuen Lebensgefühl, das Sie immer häufiger erleben und das sich immer mehr stabilisiert. Ihr Gesicht entspannt sich, und es macht sich dort ein ständiges Lächeln breit. Überhaupt: *Los-lassen und los-lachen* gehören zusammen!

Ballast loslassen ist wie sich entkleiden. Darunter kommt der natürliche Seinszustand (Nacktheit) zum Vorschein. Indem wir uns geistig und emotional von Ballast befreien, tritt auch unser natürlicher Seinzustand zutage: Glück, Harmonie, Freude, Liebe.

5. Schritt: Erfolgs-Techniken der Wandlung anwenden

Das Selbstbild optimieren

Es ist vor allem das innere Selbstbild, das meist von anderen geprägt wurde, mir oft gar nicht entspricht, aber *mein Leben entscheidend bestimmt.* Dieses innere Selbstbild ist *wie das Betriebssystem eines Computers.* Es ist die mittlere Ebene zwischen Hardware (meinem Körper) und Anwendungsprogrammen (meinem Tagesbewusstsein und Verstand).

Wir müssen uns bewusst sein, dass hinter jedem unserer Gedanken ein Bild steht. Es ist kein Gedanke ohne Bild möglich. Selbst wenn wir „GOTT“ sagen, assoziieren wir damit ein Bild.

Wir müssen *für die Funktion des Unterbewusstseins das „Geheimnis der inneren Bilder“* kennen. So erkennen wir auch das Leben als Abbild der inneren Bilder:

Nur fünf Prozent unserer Lebensumstände erschaffen wir bewusst durch unser Denken. *Die restlichen 95 Prozent entstehen durch unsere inneren Bilder.* Denn immer, wenn unser Unterbewusstsein für eine Handlung keine gedankliche Direktive erhält, handelt es nach diesen inneren Bildern. Diese Bilder entsprechen unserem bisherigen Verhalten und damit unserer Gewohnheit. Nach dem Gesetz *„Wie innen, so außen“* gestalten die inneren Bilder die äußere Wirklichkeit (das, was wir Realität nennen). Im Außen spiegelt das Leben wider, was in mir ist.

Unser Unterbewusstsein ist älter als das rationale Denken (sozusagen „prä-rational“). In der Entwicklungsgeschichte der Menschheit (Phylogenese) hat sich das Unterbewusstsein anhand von Symbolen gebildet, also nicht nach rationalen Maßstäben. Das Gleiche geschieht auch in der Entwicklung jedes einzelnen Menschen (Ontogenese). In beiden Fällen dauert es eine Zeit lang, bis sich schließlich abstrahierendes Denken herausbilden konnte. Doch diese „prä-rationale Symbolik“ ist die Sprache unseres Unterbewusstseins.

Wenn jemand eine *ausgeprägte Persönlichkeit* ist, dann sprechen wir von einer *guten Bildung.* Sicher hatte er schon eine gute *Vor-Bildung* und danach eine gute *Aus-Bildung.* Diese Bildung hat nicht nur seine Persönlichkeit gebildet, sondern befähigt ihn auch, *die Umstände zu bilden, zu gestalten, zu bestimmen.*

Das individuelle Schicksal „bildet sich“ (!) also im Wesentlichen durch das mentale Bild, dessen Schöpfer wir sind, und zwar unabhängig davon, ob es sich um ein positives oder um ein negatives Bild handelt. Die Lebensumstände machen meine inneren Bilder als äußere Ereignisse sichtbar und entsprechen damit meinem So-Sein. *Nach dem Gesetz der Resonanz* nimmt jeder nur an dem Aspekt des Schicksals teil, der seiner inneren Bildung entspricht. Das betrifft das eigene Schicksal ebenso wie den Anteil am Gemeinschaftsschicksal.

Dabei bestimmt man nicht nur sein eigenes Schicksal mit seiner Bildung, sondern bestimmt auch das Gemeinschaftsschicksal mit. *Welches Bild ich also von mir habe, mein Selbstbild also, gestaltet den konkreten Verlauf meines Lebens entscheidend mit.* Oft ist aber dieses Bild von anderen geprägt und entspricht mir gar nicht. Dann aber ist es unmöglich, dass mein Leben mir entspricht.

Das aktuelle Selbstbild

Selbstreflexion: Mein Selbstbild

Machen Sie also einmal gründlich *Inventur,* und überprüfen Sie Ihr „Selbstbild".

Fragen Sie sich, und malen Sie das Bild zu der Antwort: (Hier jeweils exemplarisch in Klammern gegeben)

- *Wo fehlt es bei mir gesundheitlich?* (das Bild: Ich schleppe mich von einer Krankheit zur anderen)
- *Zu welchen Krankheiten neige ich, und was bedeutet das?* (das Bild: Ich bin ein Allergiker)
- *Was stört mich an mir?* (das Bild: Ich bin eine 90-kg-Person)
- *Was gefällt mir an mir?* (das Bild: Ich bin ein guter Unterhalter)
- *Was will ich am Ende meines Lebens erreicht haben?* (das Bild: Villa am See, mit Lebensgefährtem, Hund und vielen Freunden)
- *Was ärgert mich noch?* (das Bild: Ein unaufgeräumtes Zimmer der Tochter und mein Tobsuchtsanfall)
- *Wodurch gerate ich noch in Stress?* (das Bild: Telefonanrufe, die mich in meiner Konzentration stören und aus der Arbeit bringen)
- *Wie kann man mich noch beleidigen, kränken, verletzten?* (das Bild: Hinter meinem Rücken wird getratscht)
- *Was soll aus meinem Leben verschwinden?* (das Bild: Negativer Saldo auf dem Konto)

- *Was möchte ich gern bald verwirklichen?*
  (das Bild: Eine florierende Seminarfirma)
- *Was sollte ich dazu loslassen?*
  (das Bild: Angst vor der Verantwortung)
- *Was traue ich mich nicht?*
  (das Bild: Ich könnte mich blamieren wie damals ...)
- *Was habe ich angefangen, ohne es erfolgreich zu beenden?*
  (das Bild: Mangelnde Überzeugung und Durchhaltevermögen, Zweifel und Unsicherheit, ...)
- *Welchen Grund habe ich, mich besonders zu achten?*
  (das Bild: Ich bin der Auserwählte für meine Lebensaufgabe)
- *Finden Sie zehn Gründe, um glücklich zu sein!*
  (das Bild: Ein Glücklicher, eine Glückliche)

Finden Sie weitere Fragen zu Ihrer individuellen Situation und die ehrlichen Antworten. Erkunden Sie immer, welches Bild sich Ihnen bei der Antwort aufdrängt. *Nehmen Sie diese Bildersprache Ihres Unterbewusstseins wahr.* Und dann arbeiten Sie damit!

Aus den Antworten und Konsequenzen, die sich daraus ergeben, *schaffen Sie sich neue, jetzt gültige innere Bilder und Affirmationen für alle Bereiche Ihres Lebens:* für Ihre berufliche, gesundheitliche, partnerschaftliche und spirituelle Situation. *Verändern Sie die Bilder – wie ein Maler, der ein Bild verändert und übermalt.*

Aktivieren Sie über diese inneren Bilder und die dazu passenden inneren Worte das in Ihnen steckende gewaltige innere Kräftepotenzial, und nutzen Sie dieses Potenzial, um den erwünschten Endzustand zu erreichen.

Das Bild der Erfolgs-Persönlichkeit

Nachdem Sie die vielen inneren Einzelbilder optimiert und die Puzzle-Stücke der Kern-Glaubenssätze in positiver Weise zusammengestellt haben, legen Sie die Puzzle-Teile jetzt zu einem *vollständigen Bild einer Erfolgs-Persönlichkeit* zusammen! *Der Titel dieses Bildes lautet: Ich habe ein gutes und starkes Selbstwertgefühl!* Auch das ist ein Kennzeichen der Erfolgreichen, dass sie einen starken Glauben an ihren Selbstwert haben und sich so annehmen, wie sie sind, und damit in Harmonie mit sich selbst leben.

Machen Sie sich ein kleines *Kärtchen* (Postkartengröße) und schreiben Sie den folgenden Satz auf. Kleben Sie diesen Satz auf Ihren Spiegel im Bad, so dass Sie ihn täglich sehen und nachsprechen können.

Stellen Sie sich vor Ihren Spiegel, und sagen Sie sich laut:

**„Ich bin ein liebenswerter Mensch.
Ich liebe und achte mich.
Ich bin wertvoll und verdiene Gutes.
Ich bin es wert, für meine Dienste
gut bezahlt zu werden.
Ich gönne mir Erfolg, Erfüllung
und Glück in meinem Leben."**

Schauen Sie sich in die Augen. Achten Sie auf Widerstände. Wiederholen Sie diese Übung, so oft sie wollen, aber mindestens *21 Mal.* Sie ist einfach, *wirkungsvoll und wunderbar.* Sie werden die *Veränderung Ihres inneren Bildes in Ihrem Gesicht,* das Sie nach außen ausstrahlen, erleben!

Menschen mit geringem Erfolg blicken immer auf ihre Misserfolge und verstärken sie so. Die Erfolgreichen dagegen erfreuen sich an ihren Erfolgen, richten so ihr Bewusstsein ständig auf den Erfolg. *Sie sehen den Beruf nicht als Möglichkeit, Geld zu verdienen, sondern verstehen ihn als individuellen Weg zur Lebenserfüllung.* Eine erfüllende Tätigkeit macht man ja meist auch so gut, dass man dafür besonders gut bezahlt wird. Viel Geld zu verdienen wird so zu einer angenehmen Begleiterscheinung und gerät nicht zum Selbstzweck.

Es sind also nicht die Umstände, die uns prägen, sondern die Art, wie wir mit den Umständen umgehen. Situationen und Umstände *haben* keine Bedeutung, vielmehr geben wir ihnen erst eine Bedeutung.

Wenn Sie *jede Schwierigkeit als Trainingsmöglichkeit* für Ihr geistiges Bodybuilding ansehen, dann haben Sie sich wieder eine Grundeinstellung der Erfolgreichen zu Ihrer eigenen gemacht. Um erfolgreich zu sein, brauchen Sie nicht andere auszubeuten, sie für sich arbeiten zu lassen. Viel besser ist es, den anderen Vorteile zu bieten, dann sind Sie überall willkommen, und mit zunehmendem Erfolg steigt *Ihre Achtung vor sich* selbst. Diese Selbst-Achtung ist für Ihr Bild als Erfolgs-Persönlichkeit enorm wichtig. *Tun Sie nichts mehr, was Ihre Selbst-Achtung untergraben könnte.*

Bilder wirken ganz besonders stark, wenn sie mit einem Gefühl verbunden sind.

Das Gefühl stellt die Verbindung zwischen den beiden Gehirnhälften her. Alles, was mit Gefühl verbunden ist, wird von beiden Hälften bearbeitet, als wichtig angesehen und behalten. Dann wissen wir nicht nur, was gemeint ist, wir können uns von der Sache „ein Bild machen" und uns jederzeit daran erinnern. Und das innere Bild der Erfolgs-Persönlichkeit, das mit einem starken Gefühl verbunden ist, wird Sie zu dem erwünschten Erfolg führen. *Verbinden Sie dieses Bild mit den Gefühlen der Liebe, Freude und Dankbarkeit.*

Denn wenn Sie dieses *Bild der Erfolgs-Persönlichkeit mit einem starken Selbstwertgefühl* aufbauen und halten können, wird das Leben es verwirklichen. Glauben Sie daran? Dann können Sie jetzt schon dafür dankbar sein. Mehr noch: *Ihre tief empfundene Dankbarkeit ist ein Zeichen für Ihren Glauben, dass es geschehen ist.*

Die Kraft der Imagination

Imagination heißt, *sich ein Bild machen, sich ein-bilden, sich etwas vor-stellen.* Wir nutzen diese mentale Technik, um Wünsche und Absichten Wirklichkeit werden zu lassen. Imagination richtig genutzt ist unsere *„Wunsch-Verwirklichungs-Kraft“.*

Der bewusste Einsatz dieser Kraft gibt uns die Möglichkeit, in unserem Leben bewusst die Umstände zu erschaffen, die wir uns wünschen. In der Praxis bedeutet es, dass wir im Leben das anziehen, worüber wir am meisten nachdenken, was wir uns am leb- und bildhaftesten vorstellen und woran wir am stärksten glauben. (Durch die bildhafte Sprache umgeht das Unterbewusstsein die Zensur des logisch rationalen Bewusstseins.)

Je klarer ein Bild ist, umso leichter kann sich Energie zur Verwirklichung darin sammeln, und je länger und öfter ich das Bild auf dem geistigen Bildschirm festhalte, desto länger fließt Energie darauf und desto schneller kann der „erwünschte Endzustand“ in Erscheinung treten.

Das Denken und Erleben *vom Ergebnis her, vom Ziel her, aus der Zukunft her ist das Geheimnis der Meister.* Das bedeutet unter anderem ein Leben im TAO: *Bevor ich etwas erreichen kann, muss ich es bereits besitzen.* Ich manifestiere in der äußeren Realität, was ich als Bild der inneren Wirklichkeit erschaffen habe. Oder mit anderen Worten: Vor der äußeren Realität kommt die innere Wirklichkeit. *Entschlossener Einsatz der Imagination vom Ziel her ist der Anfang aller Wunder.*

In der Imagination wird die Zukunft zur Gegenwart, und Vollstreckungen werden zur Wirklichkeit.

Das ganze Geheimnis lautet: *in sich die „Gewissheit des erfüllten Wunsches" schaffen und erhalten.* Dann ist es nur noch eine Frage der Zeit, wann diese Absicht sich auch im Außen manifestiert. Je kürzer die Zeit zwischen innerer Verursachung und äußerer Wirkung, desto meisterhafter!

Unsere Imagination verbindet uns mit dem erwünschten Zustand, aber wir sollten unsere Imagination meisterhaft anwenden, das heißt, *nicht zum erwünschten Ergebnis hindenken, sondern vom erwünschten Endzustand aus denken.* Indem wir den Bereich des erfüllten Wunsches betreten, ist es nicht mehr eine erwünschte Möglichkeit, sondern wird in uns bereits zur Wirklichkeit, die dann auch im Außen in Erscheinung treten muss.

Vom Wunsch zur Absicht

Ich möchte hier auf etwas sehr Bedeutsames hinweisen, was unbedingt richtig verstanden werden muss. Vielleicht haben Sie von mir schon den Satz gehört: *„Jeder Wunsch trennt von der Erfüllung".* Ein Wunsch ist *Ausdruck von Mangel-Bewusstsein,* denn mir fehlt ja offensichtlich etwas. Doch Mangel-Bewusstsein ist nie schöpferisch, nicht in der Lage, das Erwünschte auch zu verwirklichen.

Der Wunsch (das Bedürfnis, der Traum) ist der erste Schritt. Der zweite Schritt ist, aus dem (noch vagen) Wunsch eine feste Absicht zu formulieren.

- *Sprechen Sie bitte einmal die beiden Sätze hintereinander:*
  Ich habe den Wunsch.
  Ich habe die Absicht.

Spüren Sie den Unterschied? *In dem Wort Absicht steckt viel mehr Energie und Entschluss.* Aus einem MÖCHTEN (Wunsch) wird ein WOLLEN (Absicht).

Achten wir auch hier wieder auf die Weisheit der Sprache! *Bei dem Wort Ab-Sicht kommt das Ziel bereits in SICHT.* Wer aus einem Wunsch eine Absicht formuliert hat, der *sieht das Bild des erfüllten Wunsches* bereits.

Im dritten Schritt ist es wichtig, in das Bild und die Energie des erfüllten Wunsches hinein zu gehen und *von der Zukunft aus zu sehen.*

Wenn wir hier weiter von „Wunsch" sprechen, dann berücksichtigen Sie bitte, dass *der Wunsch nur der erste Schritt ist!*

Zwei Tests für die Imaginationskraft

Wie stark Sie imaginieren können, können Sie testen und auch trainieren.

Stellen Sie sich einen Schalter im Nacken vor, der Energie in Ihren Körper leitet. Stellen Sie sich vor, Sie schalten ein, die Energie fließt und erfüllt Sie ganz. Spüren Sie die neue Kraft, die Sie erfüllt? Wenn Sie das beherrschen, können Sie sich überall unauffällig stärken, indem Sie den Schalter betätigen.

Nehmen Sie einen Faden von etwa 50 cm Länge und binden Sie ihn an Ihren Autoschlüssel, an einen Ring, Ihren Kugelschreiber oder etwas ähnlich Leichtes. Halten Sie das so geschaffene Pendel in der rechten Hand vor sich, ganz locker und ruhig.

Schauen Sie es weiter an, und stellen Sie sich nun ganz lebhaft vor, dass das so von Ihnen geschaffene Pendel anfängt, ganz stark vor und zurück zu schwingen. Lassen Sie sich von dem äußeren Bild der scheinbaren Ruhe nicht beeindrucken, und bleiben Sie bei Ihrer Vorstellung des Vor- und Zurückschwingens. Halten Sie dieses Bild auf Ihrem geistigen Bildschirm etwa für drei Minuten fest. Nun sollte das Pendel auch im Außen schon deutlich vor und zurück schwingen. Der Grad des Ausschlags zeigt den Grad Ihrer derzeitigen Imaginationskraft an.

Auch wenn es sich wie eine Spielerei anhört, Sie können das Ergebnis ernst nehmen. Schlägt das Pendel kaum aus, wird es länger dauern, bis Ihre Vorstellung sich im Außen manifestiert. Haben Sie aber einen starken Pendelausschlag, genügt oft schon eine einzige Imagination, um die Vorstellung Wirklichkeit werden zu lassen. Außerdem ist das natürlich nicht nur eine zuverlässige Test-, sondern auch eine ebenso gute Trainingsmethode, so dass Sie auf diesem Weg Ihre Ergebnisse verbessern können.

Wie wäre es, wenn Sie sich ab sofort mindestens zweimal täglich die Zeit nehmen würden, Ihre Imaginationsfähigkeit zu verbessern? Es lohnt sich! *Denn Imagination ist der Schlüssel für die selbstbewusste Gestaltung der eigenen Zukunft.*

Zukunft ist zunächst ein Gedanke, eine Idee,
dann ein Bild, eine Vorstellung,
dann ein Gefühl (mit Glaube und Dankbarkeit)
und dann ganz einfach DA.

Im „Schlaf wandeln"

Gedanken sind Schöpfung und umso kraftvoller, je mehr Gedanken zu Bildern ausgestaltet sind. Sie wirken aus dem Unterbewusstsein, der Domäne des Schlafs!

Indem Sie *die bildhafte Vorstellung in den Schlaf hineinnehmen,* bleibt sie ungestört durch andere Vorstellungen und verdichtet sich zur Wirklichkeit. So wird eine alte Verheißung wahr: *„Den Seinen gibt es der Herr im Schlaf."*

Machen Sie sich bewusst, dass es genügt, ein solches Bild zu schaffen und auf Ihrem geistigen Bildschirm einige Minuten festzuhalten. Dann ist es bereits auf der geistigen Ebene verwirklicht. Besonders günstig ist es, sich diese Bilder *kurz vor dem Schlaf* auszumalen. Dann wirken sie am nachhaltigsten auf das Unterbewusstsein.

Anfangs mag das damit beginnen, dass wir denken. Der *Gedanke* führt zur *Vorstellung,* und indem die Vorstellung immer lebendiger wird, führt sie zum *inneren Erleben.* Das heißt fühlen und spüren, wie es wirkt, wie es geschieht, wie es alle Bereiche des Seins erfasst, wie der Geist die Materie beherrscht und bestimmt, was geschieht.

Das, was wir Schicksal nennen, verwirklicht nur unsere Gedankenbilder. Sind diese begrenzend und negativ, werden Sie diesen Gedankenbildern mit absoluter Sicherheit eine begrenzende und negative Aura verleihen.

Das Leben akzeptiert jedes Bild und lässt als äußere Wirklichkeit „in Erscheinung treten", was immer Sie sich vorstellen. Ihre selbst geschaffene innere Wirklichkeit schafft die entsprechenden Lebensumstände. *Und in jedem Augenblick haben Sie die Wahl, Ihr Leben neu zu bestimmen.* Das mag zunächst unglaublich erscheinen, aber Sie sind ein lebender Beweis dafür, dass es stimmt. Sie brauchen es nur zu tun, und es geschieht.

Am leichtesten geschieht es *in der körperlichen Bewegungslosigkeit – also vor dem Schlaf.*

„Erkenne und nutze die Kraft Deiner Gedanken und Gedankenbilder." Denken ist das Bewegen geistiger Energie. Beharrlich bewegte Energie MUSS sich auch materiell verwirklichen.

Irgendwann erkennen wir
– vielleicht gerade jetzt –,
dass die Ursache für die Realität
nicht außerhalb,
sondern in uns selbst liegt.

Revision durch „mentales Umerleben"

Der Schlüssel, das Unterbewusstsein umzuprogrammieren, liegt in der Tatsache, dass es nicht unterscheiden kann zwischen Realität und einer lebendigen Vorstellung.

Es geschieht sicher noch, dass Sie etwas als einen „Fehler" erkennen, Sie sich nicht optimal verhalten haben, sich doch schon wieder ärgern, obwohl Sie das Ärgern doch eigentlich loslassen wollten. Hier sind veraltete Programme Ihres Unterbewusstseins wohl doch noch stärker als die neuen Richtlinien Ihres Verstandes.

Die Frage lautet also: *Wie werden wir alte Programme los? Wie können wir uns von ihnen schnell befreien?* Die Antwort liegt in der *Revision durch „mentales Umerleben"*. Es ist eine *spezielle Anwendungsform* der schöpferischen Imagination.

Übung: Mentales Umerleben

Sobald Sie erkannt haben, dass Ihr Handeln nicht optimal war, versetzen Sie sich noch einmal in die Situation und erleben jetzt, wie Sie sich ideal verhalten und die Situation optimal meistern. Bitte vollziehen Sie dies jetzt an einer kürzlich erlebten Situation.

Nehmen wir als Beispiel eine „ärgerliche" Verkehrssituation, die Sie umerleben wollen:

Sie fahren auf der Hauptstraße, es ist Freitag, die Sonne scheint. Sie sind gut gelaunt, Sie fahren rechts, Sie fahren 50. Ihr Leben stimmt einfach rundum.

Da kommt ein Traktor von links, er kümmert sich gar nicht um Sie, nimmt Ihnen die Vorfahrt, und Sie können gerade noch mit einer Notbremsung einen Unfall vermeiden. Der

Traktorfahrer tuckert mit seinem Trecker weiter. Sie rufen ihm etwas nach, so etwas wie: … „Gott segne dich!" Vielleicht formulieren Sie es auch etwas strenger, und wahrscheinlich ärgern Sie sich.

Und dann – so langsam nach Stunden – klingt der Ärger ab, Sie kommen in die Firma, und Sie erzählen dort von dem Ärger, von dem Idioten, der da gerade beinahe einen Unfall verursacht hätte. Sie wärmen den Ärger auf und nutzen ihn noch einmal für einen zweiten Aufguss. Sie können sich noch ein bisschen ärgern. Wenn auch das langsam vorbeigeht, kommen Sie abends zu Ihrem Partner nach Hause, und dann erzählen Sie die Geschichte noch einmal. Dann haben Sie noch den Rest herausgequetscht, was an Ärger in der Situation steckt. Aber: Sie haben sich nur geschadet!

Was bedeutet es nun, solch eine „ärgerliche Situation" „mental umzuerleben"? Stellen wir uns vor, was Sie in dieser Situation *alternativ* tun könnten.

Sie haben sich gerade geärgert. Und jetzt kommen Sie zur Vernunft. Sie merken: Ach, habe ich mich doch wieder geärgert! Ich könnte mich gerade noch einmal ärgern, dass ich mich geärgert habe!

In der Situation könnten Sie rechts ranfahren. Sie halten an, atmen ein paar Mal tief ein und aus und stellen sich die Situation noch einmal vor:

Wieder fahren Sie auf der Hauptstraße, die Sonne scheint, rechts, gut gelaunt, 50, alles stimmt. Und wieder kommt der …

Nur jetzt erleben Sie in Ihrer Vorstellung, wie Sie sich anders verhalten. Sie klopfen sich einfach auf die Schulter und sagen: *Donnerwetter, damit musste ich jetzt doch nicht rechnen. Und trotzdem habe ich schnell und richtig reagiert, habe jetzt einen Unfall für uns beide vermieden, viel Ärger mit der Werkstatt, Wertminderung, Auto, Versicherung. Vielleicht sogar Verdienstausfall, Krankenhaus, alles ist möglich. Und alles das habe ich verhindert, indem ich schnell und richtig reagiert habe.*

Sie freuen sich und kommen vielleicht in die Firma und erzählen: Da hat mir jemand die Vorfahrt genommen, aber ich habe „Gott sei Dank!“ schnell und richtig reagiert. Alles gut gegangen, gar keine Probleme! Und Sie freuen sich wieder ein bisschen mehr, und Sie kommen abends zu Ihrem Partner und erzählen ihm auch wieder, dass Sie diese Situation hatten und dass Sie schnell und richtig reagiert haben.

Sie nutzen die gute Laune und *geben Ihrem Unterbewusstsein gleichzeitig ein Bild des erwünschten Verhaltens.* Wenn Sie dieses Umerleben 20 bis 30 Mal gemacht haben, in hartnäckigen Fällen – ganz selten – 100 Mal, dann ist die ursprüngliche Konditionierung gelöst.

Dann passiert eines Tages wieder eine solche Situation, und wieder bremsen Sie, und *Sie warten, dass der Ärger kommt, aber er kommt nicht mehr.* Sie haben sich geändert. Sie haben sich umprogrammiert. Sie haben erfolgreich *mentales Umerleben* betrieben. Sie haben Ihre ärgerliche Verhaltensweise korrigiert.

Ich habe mich das letzte Mal am 23. Dezember 1979 geärgert. Und ich werde es sicher auch nie wieder tun, warum sollte ich auch? Damals – das letzte Mal – habe ich mich darüber geärgert, dass ich mich überhaupt noch geärgert habe, weil ich schon lange wusste, dass man sich nicht ärgern sollte. Dann habe ich es endlich begriffen, gründlich aufgeräumt und alle Situationen durchlebt, in denen ich mich möglicherweise noch einmal ärgern könnte. Dann ist es mir nie mehr passiert.

So wird Ihr Unterbewusstsein *diese lebendige Imagination* als Erfahrung (es unterscheidet ja nicht zwischen Realität und Einbildung) speichern und mit der Zeit – unterstützt durch mehrfaches Wiederholen – das erwünschte Verhalten annehmen. Um Ihr Unterbewusstsein besonders zu beeindrucken und damit diesen Prozess zu beschleunigen, stellen Sie sich dabei auch *das freudige Gefühl und die Zufriedenheit ganz lebendig vor,* nun richtig und wirklich gehandelt zu haben.

Tipp:

Als „Turbo-Tipp“: Machen Sie jeden Abend vor dem Einschlafen eine „Tages-Rückschau“, um die Ereignisse des Tages noch einmal kritisch zu prüfen und gegebenenfalls umzuerleben. So erlebt Ihr Unterbewusstsein jeden Abend einen idealen Tag!
Auf diese Weise werden Sie sich immer weiter in Richtung Ihres inneren Wertmaßstabes entwickeln und letztlich immer nach dem letzten Stand Ihrer Erkenntnis handeln.

Mit Hilfe des Armtestes (siehe S. 161) können Sie zuverlässig feststellen, ob die Situation wirklich umerlebt ist. Reagiert der Arm stark, dann haben Sie es geschafft, die Situation ist wirklich mit allen Folgen für Ihr Unterbewusstsein umerlebt.

Wenn Sie ein vergangenes Ereignis umerleben, wird es neu geboren. Die bisherige *energetische Prägung* wird aufgelöst, und es entsteht eine neue energetische Prägung mit den entsprechenden Folgen. Das Ausmaß Ihrer Verwandlung muss einem anderen Menschen, der nicht mit der Kraft der Imagination vertraut ist, völlig unglaubhaft erscheinen.

Mit dem Umerleben ziehen Sie auch Ihre Aufmerksamkeit vom unerwünschten Ereignis völlig ab und können sich nun unbelastet dem Tag zuwenden, denn das ist jetzt Ihre neue Wirklichkeit. *Wer seine Tage nicht auf diese Weise regelmäßig umerlebt, verzichtet auf einen großartigen Teil seines geistigen Erbes: die schöpferische Imagination.*

Haben Sie aber die segensreiche Wirkung des mentalen Umerlebens erkannt, sollten Sie sich einmal die Zeit nehmen, *Ihr ganzes bisheriges Leben* imaginativ durchzugehen und wo erforderlich, weil Ihnen nicht mehr entsprechend, umzuerleben.

Erleben Sie Ihr Leben um!

Nehmen Sie sich einen Tag Zeit, und konzentrieren Sie sich auf Ihre Kindheit und die Jahre in der Grundschule. Seien Sie bei diesem „Fundament" Ihrer Arbeit besonders gründlich, denn in dieser Zeit werden die meisten Prägungen entstanden sein. Erleben Sie dabei nicht nur die Situation um, sondern auch Ihr Erleben und Ihre Reaktionen und natürlich die Konsequenzen, die sich aus der veränderten Situation ergeben. Nehmen Sie sich an einem anderen Tag die Jahre auf dem Gymnasium vor und wieder an einem anderen Tag Ihre Studienjahre oder Ihre Erlebnisse bis zum 30. Lebensjahr. An einem weiteren Tag erleben Sie die nächsten zehn Jahre (bis 40), oder beginnen noch einmal von vorn. An einem anderen Tag erleben Sie die Jahre bis zu Ihrem 50., oder beginnen noch einmal von vorn. Gehen Sie so Ihr ganzes Leben wenigstens zweimal gründlich durch, und erleben Sie alles mental um, was nicht mehr dem heutigen Stand Ihrer Erkenntnis entspricht.

So haben Sie die Chance, Ihr Leben umzuwandeln, als hätten Sie es ganz mit dem heutigen Stand Ihrer Erkenntnis gelebt. Danach werden Sie freier und leichter in eine „bereinigte" Zukunft gehen. So können Sie auch jetzt noch *Ihre Wunschbiographie gestalten!*

Hier einige *Anregungen* für die Nutzung der Technik des mentalen Umerlebens:

1. *Das Umerleben des gerade vergangenen Tages.*
   Erleben Sie dabei auch die begleitenden Gefühle um, also „umfühlen", denn Gefühle kann man nicht umdenken. Machen Sie es sich mit der Zeit zur Gewohnheit, gar nicht erst bis zum Abend zu warten, sondern die Ereignisse SOFORT umerleben, wenn Sie merken, dass es so nicht „stimmt".

2. *Die eigene Vergangenheit mental umerleben.*
Veranstalten Sie einmal ein geistiges „Großreinemachen“ und überpürfen Sie mit dem Armtest, ob die Umstände und Ereignisse auch wirklich bereinigt sind.

3. *Das mentale Vorauserleben.*
Erleben Sie alle besonderen Situationen voraus, die heute auf Sie zu kommen: eine Prüfung, ein schwieriges Gespräch, ein Gerichtstermin. Sorgen Sie dafür, dass Sie sich *beim Vorauserleben so verhalten, wie es Ihnen entspricht.* Sie können auch mehrere Versionen vorauserleben, bis Ihnen eine Version wirklich ganz entspricht. Dann „löschen“ Sie die nicht benötigten Bilder wieder, indem Sie sie ausradieren, in der Vorstellung verbrennen oder zu Licht werden lassen. Auch hier können Sie mit dem Armtest prüfen, ob die Vorstellung, für die Sie sich entschieden haben, Sie wirklich stärkt. Nur in diesem Fall sollten Sie wirklich zufrieden sein. Dann sind Sie bestens auf den Tag und das, was auf Sie „zukommt“, vorbereitet, denn Sie haben es bereits geistig mitgestaltet.

4. *Selbsterziehung durch mentales Umerleben.*
Mit Hilfe der schöpferischen Imagination können Sie auch *unerwünschte Eigenschaften in erwünschte umwandeln und so den eigenen Charakter zum Ideal hin formen,* indem Sie sich verändern. So verändern Sie auch ganz automatisch die vor Ihnen liegenden Umstände und Ereignisse, da diese Ihrem So-Sein entsprechen. Auf die gleiche Weise können Sie auch *eingefahrene Gewohnheiten auflösen* und in erwünschte umwandeln, wenn Sie dies einige Male wiederholen.

5. *Mentales „Vorauserleben“ zur Wunscherfüllung.*
Sie können sich mit Hilfe des mentalen „Vorauserlebens“ auch in *die Erfüllung eines Wunsches* oder in einen erwünschten Endzustand versetzen. So prüfen Sie, ob

Sie so wirklich zu der erhofften Erfüllung gelangen und ob sich der Aufwand, der erforderlich wäre, auch lohnt. Ist das nicht der Fall, können Sie Ihre Kraft und Zeit in eine lohnendere Sache investieren. Ist es aber der Fall, dann wissen Sie, was auf Sie zukommt und wofür Sie sich einsetzen, und leben die ganze Zeit schon in einer Vorfreude. Mit Hilfe des mentalen „Vorauserlebens" können Sie sich aber auch *in Behaglichkeit versetzen* und die Dinge ganz lebendig erleben.

Der Technik, das Unterbewusste durch „mentales Umerleben" umzuprogrammieren, sind *keine Grenzen* gesetzt. Doch, *eine einzige Grenze: Ihr Glaube. Ihre inneren Grenzen sprengen heißt vor allem, Ihre Glaubensgrenzen sprengen.*

Die Macht des Glaubens

Sprechen wir diese Grenze jetzt genau an: *Alle diese Erfolgs-Techniken wirken so weit, wie Sie daran glauben (können).* Der Glaube ist die innere Dimension, die eigentliche *innere Größe.* Wir können es so auf den Punkt bringen:

Wissen stellt Tatsachen fest –
Glaube schafft Tatsachen.

Oder mit anderen Worten:
Wir glauben zu viel an den praktischen Wert des Wissens und wissen zu wenig über den praktischen Wert des Glaubens.

Wir verstehen den *Begriff des Glaubens* nicht im engeren religiösen Sinne, auch wenn die Bibel dazu großartige Aussagen gemacht hat:

- „Alle Dinge sind möglich dem, der da glaubt.“ (Markus 9,23)
- „Alles, worum Ihr bittet, glaubt nur, dass Ihr es erhalten habt, und es wird Euch werden.“ (Markus 11,24)

Wahrer Glaube ist eine *„innere Gewissheit“,* der Zustand der *völligen Zweifelsfreiheit.* Also etwas völlig anderes, als es uns der Alltagsverstand suggeriert, wenn wir fragen: „Weißt du es, oder glaubst du es nur?“ Hier scheint „Glaube“ nur ein anderes Wort für „Vermutung“ zu sein. Doch Glaube unterscheidet sich von Wissen dadurch, dass es nicht beweisbar ist oder sein muss.

Wenn Sie felsenfest an Ihren Erfolg *GLAUBEN,* dann hat das wenig mit Religion oder Vermutung zu tun, sondern ist eine unumstößliche innere Gewissheit, die Sie anderen nicht beweisen müssen. *Was die anderen auch immer denken mögen, Ihr Glaube an Ihren Erfolg ist unerschütterlich.* Weil Sie wissen, dass Ihr Erfolg unvermeidlich ist.

Glaube ist eine höchst intelligente Sache, denn im Glauben liegt die Bereitschaft, die Unbegrenztheit des menschlichen Geistes anzuerkennen. *Die Geisteskraft des Glaubens schließt uns an eine Kraft im Universum an* (und insofern ist der Kern des Glaubens eine spirituelle Dimension), so dass nichts mehr unmöglich ist.

Doch diese *innere Dimension „Nichts ist unmöglich!“, „Alles ist erreichbar!“* muss jeder für sich erreichen, indem eingeengte Glaubensvorstellungen immer mehr erweitert werden.

Wir sollten hier kurz darauf hinweisen: *Je nach Art des Glaubens arbeitet er für Sie, aber auch gegen Sie.* Nicht an seinen Erfolg glauben ist eben auch ein Glaube, der nach Realisierung strebt.

Wenn wir etwas *nicht für möglich* halten, dann ist das auch ein *„Glaubensbekenntnis“.* Und es lassen sich immer „Gründe“ finden, warum etwas gar nicht möglich sein kann:

- Die Umstände sind ungünstig …
- Es fehlen die geeigneten Mitarbeiter …
- Es ist zeitlich nicht zu schaffen …
- Es fehlt das nötige Geld …

Da immer das herauskommt, woran man glaubt, behält man am Ende immer Recht! Alles bestätigt und verstärkt sich auf diesem Weg.

Mit anderen Worten: *Wenn etwas fehlt, ist es immer der richtige Glaube!* Lebenserfolg lässt sich vergrößern durch die *Erweiterung der inneren Dimension, der Erweiterung der Glaubensfähigkeit* bis zum: Alles ist erreichbar!

Kehren wir zurück zu unseren Mental-Techniken. Ein Selbstbild, eine schöpferische Imagination, ein mentales Umerleben ins Leben zu schicken und seine Verwirklichung zu verursachen, hängt ab vom Glauben. Wenn ich glaube, dann ist es erledigt, und ich weiß: Ich muss mich darum nicht mehr kümmern! Die Bestellung ist abgegeben, und irgendwann kommt die Lieferung.

Wenn ich die Übungen aber mit dem Zweifel vollziehe: „Ob das wohl funktioniert?“, *dann sagt das Leben sozusagen: „Werde dir doch erst einmal selbst bewusst, was du eigentlich willst, und erwarte es nicht von mir!“*

Gehen Sie mit Ihren inneren Bildern, Ihrer Imagination, Ihrem Vorauserleben immer so weit, wie Sie gerade noch glauben können.
Dann schaffen Sie sich ganz bewusst Glaubenserfahrungen, die Ihren Glauben stärken (innerhalb der nächsten acht Tage …).
So bauen Sie Ihre innere Dimension immer weiter aus.
Und Sie werden am Ende keine Grenzen finden, denn Sie sind ein Meister und SCHÖPFER!

„Danke!" - das Geheimnis der Wandlung

Ich kann meine Ausführungen über die Erfolgs-Techniken der Wandlung – zusammenfassend – wieder auf einen Punkt bringen: *Sie können jedes Spiel im Leben gewinnen, denn SIE bestimmen die Richtung, in die sich ein Ereignis oder eine Situation entwickelt.*

**Ganz gleich,
was gerade in Ihrem Leben geschieht,
machen Sie sich bewusst,
dass Sie DARAUS einen
Erfolg machen können!**

Selbstreflexion: „Danke" sagen

Nehmen Sie das zu wandelnde Ereignis in Ihr Bewusstsein auf. Spüren Sie die Energie dieses Ereignisses! Wie fühlt sich dieses Ereignis energetisch an?
Dann stellen Sie sich mindestens drei Möglichkeiten vor, wie daraus für Sie ein Erfolg werden kann. Auch hier gehen Sie in der Vorstellung in die Energie der möglichen Wende. Wo ist die Energie am größten? Wo fühlen Sie sich energetisch am besten?
Entscheiden Sie sich für die passende Möglichkeit, und beenden Sie die Übung mit einem starken Gefühl der Dankbarkeit dafür, dass Sie wieder einmal Erfolg hatten.

Das *Gefühl der Dankbarkeit* lässt einem zweifelnden Gefühl („Hoffentlich klappt es!") keinen Raum. Denn dankbar ist man für etwas, was man erhalten hat. Wenn Sie so das Gefühl haben: „Es ist vollbracht!", dann verbindet sich dieses Gefühl auch mit Dankbarkeit. Denn für Ihr Unterbewusstsein ist das Ereignis ja schon eingetreten!

Und genau so geschieht Wandlung in Richtung Erfolg. *So können Sie jeden Misserfolg in einen Erfolg umwandeln.*

Und in Wahrheit wartet der Misserfolg auch nur darauf, von einem Meister in Erfolg umgewandelt zu werden. Misserfolg lacht dich nur an: „Na, bist du wirklich zum Erfolg bereit? Dann zeig mal, was du kannst!“

Diese Situation zu meistern ist ein Kinderspiel für einen Meister. Später werden die Situationen so sicher verursacht, dass gar kein Misserfolg mehr nötig ist. *Ein Meister lebt bereits in der Lösung, noch bevor überhaupt ein Problem auftaucht.* Dahin wollen wir auch gelangen!

So ist auch der schon zitierte (und überaus paradox klingende) Bibelspruch zu verstehen:

> „Alles, worum Ihr bittet: Glaubt nur,
> dass Ihr es erhalten *habt,* und *es wird Euch werden.*“

Erfolgskontrolle:

Vom Beginn des fünften Schrittes bis zu dieser Seite können für Sie ein paar Stunden vergangen sein – oder ein paar Wochen. *Der fünfte Schritt ist wahrscheinlich der, der die meiste Reifezeit beansprucht.* Sie haben sich diese Reifezeit genommen.

- Sie haben gelernt, *Ihr Selbstbild zu optimieren:* durch die Wahrnehmung von inneren Bildern und ihre kreative Neugestaltung.
- Sie haben für sich *ein Bild* entworfen, was es für Sie bedeutet, eine *Erfolgs-Persönlichkeit* zu sein.
- Sie haben die *Kraft der Imagination* erfahren und trainieren sie (z.B. über den Ausschlag des Pendels).
- Sie haben keine Wünsche mehr, sondern nur noch Absichten und gehen immer in die *Energie der erfüllten Absicht.*
- Sie nutzen den *Schlaf* als kreative Quelle.
- Sie haben mindestens ein Ärgernis in Ihrem Leben durch *mentales Umerleben* zum Verschwinden gebracht.
- Sie haben wichtige *Abschnitte Ihrer Vergangenheit* durch mentales Umerleben revidiert.
- Sie sind sich Ihrer *Glaubenskraft* bewusst und stärken Sie ganz bewusst durch Erfahrungen.
- Sie gehen immer mehr mit einem *Gefühl der Dankbarkeit* durch Ihr Leben.

6. Schritt: Die Stimme des Erfolgs trainieren

Stimmschulung: der schnellste Weg zum Erfolg

Ihre Stimme ist ein ganz entscheidender Erfolgsfaktor, wenn Sie viel mit Menschen kommunizieren. Und wir haben mit den bisherigen Schritten schon erreicht, dass Ihre Persönlichkeit auch in der Stimme zum Ausdruck kommt.

Hat Ihnen schon jemand am Telefon gesagt: „Diese Stimme möchte ich einmal kennen lernen!“? Oder ist es Ihnen am Telefon mit einem Fremden so ergangen?

Wenn auch alle Voraussetzungen für eine „einnehmende“, „unter die Haut gehende“ Stimme geschaffen sind, so ist eine Optimierung durch Achtsamkeit und Schulung der Stimme das i-Tüpfelchen für jede Erfolgs-Persönlichkeit.

Die Stimme ist Ihre *„hörbare Visitenkarte“*. Lernen Sie optimalen Gebrauch von dem „Zauberinstrument Stimme“ zu machen. Das heißt nicht, so zu sprechen, wie ein anderer spricht, den Sie bewundern, sondern über Ihre Stimme Ihre eigene Persönlichkeit zum Ausdruck zu bringen. *Die Kunst, Menschen zu überzeugen und für sich zu gewinnen, hängt in einem hohen Maße davon ab, WIE Sie sprechen.*

Die Schulung Ihrer Stimme beginnt damit, dass Sie Ihre Stimme einmal bei verschiedenen Gelegenheiten auf Tonband aufnehmen und in Ruhe kritisch anhören. Es kann sein, dass Sie beim ersten Mal Ihre Stimme gar nicht erkennen. Mit Sicherheit aber fällt Ihnen sofort einiges auf, das gar nicht Ihrem inneren Maßstab entspricht und geändert werden sollte. Ein Kassettenrekorder ist ein unbestechlicher und unentbehrlicher Helfer auf dem Weg zu Ihrer wahren Stimme.

Sie werden überrascht sein, wie viel es an Ihrer Stimme noch zu verbessern gibt.

Sie brauchen drei Stimmen:

- eine geschulte Sprechstimme
- eine Mikrofon- und Telefonstimme
- eine Meditationsstimme.

Achten Sie in der Vorbereitung Ihrer Stimmschulung auch einmal auf die Fragen:

- *Wo sprechen Sie hin, wenn Sie sprechen?*
  Die meisten sprechen etwa 60 cm vor sich hin. D. h.: Ihre Stimme dringt nur bis dorthin. Dringen Sie damit sprachlich in einen anderen ein? Sprechen Sie daher auch energetisch bis zum anderen hin? Werden Sie beim Sprechen energetisch eindringlich?
- *Wen oder was sprechen Sie an,* wenn Sie zum anderen sprechen? Die Person? Den Verstand? Das Gefühl? Sein Ego? Oder ihn SELBST?
- *Als wer sprechen Sie,* wenn Sie zum anderen sprechen? In welcher Identifikation sind Sie? Sorgen Sie dafür, dass Sie immer, wenn Sie sprechen, wirklich SIE SELBST sind.

Optimal ist es, wenn Sie als SELBST zum anderen als SELBST sprechen. Das ist *das Training für gelenkte Meditationen,* um einen anderen in die Meditation zu führen (die dritte Art der Stimme).

Die Stimme

Achten Sie bei Ihrem Stimmtraining auf *die Stimme anderer Menschen:* Der Klang der Stimme zeigt deutlich *die Gestimmtheit des Menschen* an. Diese Stimmung überträgt sich auf den Zuhörer und ruft eine entsprechende Gegenstimmung hervor.

Das Klangbild der Stimme und das Schriftbild eines Menschen haben auffallende Übereinstimmungen, was besonders deutlich wird, wenn man den Menschen veranlasst, über sich selbst, seine Absichten und Ansichten zu sprechen.

Es ist daher nicht nur wichtig, was ein Mensch sagt, sondern auch und vor allem, *wie er es sagt.* Stimmen dabei Wort und Stimme oder Mimik und Gestik nicht überein, sollten wir gewarnt sein und auf diese Widersprüche achten. Um für das WIE der Sprache eines Menschen ein Ohr zu bekommen, sollten wir anfangs *einmal mit geschlossenen Augen lauschen* (etwa beim Fernsehen, Radio hören, Telefonieren, wenn man anderen einfach nur zuhört). So sensibilisieren wir uns für die Unter- und Zwischentöne.

Wissen sollten wir in diesem Zusammenhang, dass die Stimme und die Stimmung auch *das Bewusstsein des anderen ausdrückt.* Je dunkler und tiefer der andere spricht, desto mehr *Gefühl* kommt zum Ausdruck. Er spricht „im Brustton der Überzeugung". Je heller und höher der andere spricht, desto weniger Gefühl kommt zum Ausdruck, desto intellektueller ist das Gesagte.

Auch *Spannung, Angst und äußere Erregung* straffen die Stimmbänder so, dass die Stimme höher klingt. Wer unter chronischen Spannungen leidet, hat eine hohe und kratzige Stimme.

Tipp: Stimmschulung

Versuchen Sie daher, Ihre optimale Stimmhöhe zu finden. Das gelingt ganz einfach, indem wir einmal summen und zwischendurch zählen. Solange Summton und Zahlen in unterschiedlicher Tonhöhe kommen, ist die Tonhöhe noch nicht optimal. Auch lautes Lesen hilft, unser Bewusstsein für Tonhöhe, Tempo und Artikulation zu entwickeln.

Stimme und Charakter

Charakter und Stimme sind *untrennbar miteinander verbunden.* Es gibt mehrere Möglichkeiten, unserer Stimme, unserer jeweiligen Stimmung, aber auch unserer Gestimmtheit Ausdruck zu verleihen. Besonders der Klang der Stimme ist von hohem Aussagewert. Er setzt sich aus Kopf- und Brusttönen zusammen. Ihr Mischungsverhältnis hängt von der emotionalen Beteiligung ab. Sind wir in Harmonie, klingt auch unsere Stimme harmonisch.

Wir unterscheiden hierbei *das „vokalische Sprechen“,* das heißt, das starke Hervortreten des Klangs der *Vokale* des temperamentvollen Gefühlsmenschen, was besonders deutlich bei manchen Dialekten wird, wie z.B. beim Bayerischen: „fui zfui gfui“, auf Hochdeutsch: „viel zu viel Gefühl“.

Anders das *„konsonantische Sprechen“.* Herbei werden die *Konsonanten* scharf akzentuiert ausgesprochen, so dass die Vokale in den Hintergrund treten. So spricht der scharf analysierende Verstandes- und der Willensmensch.

Ganz allgemein unterscheiden wir folgende geläufige *Stimmeindrücke:* hell und dunkel, warm und kalt, weich und hart, dünn und scharf, voll und flach, ölig und schrill, melodisch und metallisch.

- Die *volle, kräftige Stimme* lässt auf einen harmonischen, selbstsicheren und gefühlsbetonten Menschen schließen.
- Die *schwärmerische und melodische Stimme* zeigt die Begeisterungsfähigkeit und den Idealismus, während *eine markante Stimme* die Einheit von Stimme und Charakter zeigt. Hier spricht ein selbstbewusster und willensbetonter Mensch mit einem ausgeprägten Charakter.
- Die *klangvolle Stimme* zeigt Herzenswärme, Vertrauenswürdigkeit und Harmonie. Aber auch Entschlossenheit und Selbstsicherheit.

- Die *einschmeichelnde Stimme* zeigt, dass jemand versucht, etwas auf die sanfte Art zu erreichen, und den anderen einhüllen möchte.
- Das *bewegliche Tempo in der Stimme* zeigt Tatkraft und Mut, aber auch drängendes Wollen.
- Die *bestimmte* Stimme zeigt Sicherheit, Willensbetontheit und Autorität, aber auch Tatkraft und Zuverlässigkeit.
- Die *lebhafte Stimme* zeigt Lebenskraft und Vitalität sowie Kontaktfreudigkeit und Hilfsbereitschaft.
- Die *melodische Stimme* zeigt Sinn für Kunst und Musik sowie feines Empfinden und starke Erlebnisfähigkeit.
- Die *verträumte Stimme* zeigt das romantische Empfinden, aber auch eine unrealistische Lebenseinstellung und geringe Belastbarkeit.
- In der *gedehnten, schläfrigen Stimme* spiegeln sich Phlegma, Denkträgheit und Interesselosigkeit.
- Die *gleichbleibende Stimme* spricht für den zurückhaltenden, selbstbeherrschten Menschen, aber auch für einen mehr ich-haften Charakter.
- Die *leise und lispelnde Stimme* zeigt den vorsichtigen Menschen mit ungenügender Durchsetzungskraft.
- Ist die Stimme *leise und scharf,* so deutet dies auf einen berechnenden Menschen hin, der seine Interessen in den Mittelpunkt stellt.
- Eine *schwach oder heiser klingende Stimme* finden wir bei Menschen mit geringer Lebenskraft oder mangelndem Willen und wenig Durchsetzungskraft, aber auch bei allen Menschen, wenn sie sehr strapaziert werden.
- Die *„stimmlose" Stimme* zeigt, dass der andere in einer seelischen Krise steckt, dass er geschwächt und seine Harmonie gestört ist.
- Ist die Stimme *polternd, rau und laut,* so zeigt dies unfeines Verhalten und Schroffheit des Wesens.

- Eine *„bellende" Stimme* zeigt den mit sich und der Welt unzufriedenen Menschen an, der seine schlechte Laune gern an Schwächeren auslässt.
- Eine *harte Stimme* zeigt die Verhärtung des Gemütes durch negative Erfahrungen oder Schicksalsschläge.
- Eine *metallisch klingende Stimme* spricht für Härte, aber auch für Energie und Unnachgiebigkeit.
- Die *verbissene Stimme* zeigt Trotz, Eigensinn und Widerspruchsgeist.
- Eine *quäkende Stimme* zeigt unreife und unausgeprägte Individualität. Eine *schneidende Stimme* Hochmut, Ironie und Gefühlskälte.
- Eine *zischende Stimme* zeigt Hass und Aggressionen.
- Eine *matte Stimme* zeigt die Angst vor den Problemen des Lebens sowie einen Mangel an Mut und Begeisterungsfähigkeit.
- Eine *salbungsvolle,* schwammige oder schmierige Stimme zeigt Unaufrichtigkeit und Unechtheit an. Hier zeigt sich die vorgespielte Freundlichkeit oder das falsche Pathos.
- Eine *abgehackte* Stimme zeigt eine depressive Grundstimmung, seelische Belastung oder innere Hemmungen.
- *Stottern* ist meist die Folge einer kindlichen Neurose, die nicht gelöst wurde. Der Stotterer besitzt meist Ideenreichtum und geistige Gewandtheit, aber es fehlt ihm an der erforderlichen Konzentration.

Übung: Stimmen zuordnen

Nehmen Sie auf *Kassettenrekorder* Menschen aus dem Fernseher auf, zunächst keine sprachgeschulten Schauspieler oder Synchronsprecher, sondern Stimmen von Menschen aus den „Talkshows". Vielleicht drehen Sie die Helligkeit so aus dem Fernseher, dass Sie die sprechende Person gar nicht sehen und nur ihre Stimme wahrnehmen. Mit Hilfe des Kassettenrekorders versuchen Sie dann, die Stimmen nach den obigen Kategorien einzuordnen, wenn es Ihnen Freude macht, bis Sie für jede Kategorie eine „typische Stimme" gefunden haben.
Wenn Sie das geschafft haben, dann nehmen Sie auch die Stimmen von Profis auf und ordnen sie ein.

Stimmschulung

Wenn Sie eine gewisse Sensibilität für die Stimme anderer erreicht haben, dann beobachten Sie die eigene, auf dem Kassettenrekorder aufgenommene Stimme. Lernen Sie Ihre Stimme dabei zu variieren, um viele Möglichkeiten auszuprobieren:

Von WO AUS spreche ich? Wo hat das, was ich sage, seinen Ursprung? Bei den meisten dürfte das der Verstand sein. Bei vielen aber ist das nur der Kehlkopf.

- Spreche ich aus der linken oder rechten Gehirnhälfte?
- Ich kann auch aus dem Herzen sprechen.
- Entweder über den Verstand oder direkt aus dem Herzen.
- Ich kann aus dem Bauch sprechen.
- Ich kann aus dem NICHTS sprechen oder ALS NICHTS!

- Ich kann aus dem Kronen-Chakra sprechen oder direkt aus dem höchsten Bewusstsein.
- Ich kann aus dem erfolgten Erfolg heraus sprechen.
- Ich kann aus der Erfüllung heraus sprechen.
- Ich kann *vom Ziel aus* sprechen. Damit spreche ich mit der Energie der Gewissheit der Erfüllung.
- Ich kann *erfolgsverwirklichend* sprechen.
- Ich kann *verbindlich* sprechen.
- Ich kann mit dem, was ich sage, bewusst eine Brücke bauen.
- Ich kann heilend sprechen.
- Ich kann wirklichkeitsverändernd sprechen.
- Ich kann aber auch mit dem, was ich sage, die *Zukunft in die Gegenwart* holen.
- Ich kann aus der Vergangenheit sprechen, also aus einer längst vergangenen Energie heraus.
- Ich kann aus der Zukunft heraus sprechen. Aus der Zukunft sprechen heißt, aus der Projektion einer Möglichkeit heraus sprechen.
- Ich kann aus dem *Jetzt* sprechen. Ich kann als Angekommener sprechen.
- Als wer spreche ich? Ich kann als *Spieler* sprechen.
  Als Frau oder Mann oder als Kind. Ich kann als Direktor oder als Angestellter sprechen. Ich kann als Opfer sprechen oder als Schöpfer. Ich kann als Esoteriker oder Pseudoerleuchteter sprechen. Ich kann aus der Natur heraus sprechen, wie ein Indianer.
- Ich kann wahrnehmend sprechen. Was bewirke ich gerade mit meinen Worten?
- Nicht zuletzt kann ich intuitiv sprechen, d.h. eingebungsvoll und ohne durch den Verstand zensiert sprechen. Dies ist eine besondere Kunst, die Sie in die „hohe Schule“ der Meditationsführung oder Seminarleitung führt.

Stimmübungen

Wie beim Gesanglernen gehören auch zum professionellen Sprechen Stimmübungen. Diese können Sie in der einschlägigen Literatur finden. Hier haben wir einige erste Hinweise, worauf Sie achten sollten.

- Nehmen Sie eine Hand auf den Bauch, die andere auf den Rücken. Atmen Sie nun in beide Hände. Sie sollten merken, wie sich Ihre Hände beim Einatmen nach außen bewegen, beim Ausatmen wieder nach innen. Halten Sie nun die Hände in einigem Abstand zum Körper und bewegen Sie sie in der gleichen Weise nach außen und innen. Versuchen Sie sich dabei vorzustellen, wie Sie den Atem mit Ihren Händen „mitnehmen".
  Atmen Sie in dieser Weise in die Flanken und auch in die Tiefe, in den unteren Bauch (Zwerchfell).
- Um das Zwerchfell zu lockern, sprechen Sie die folgenden Buchstaben schnell und abrupt hintereinander, und beobachten Sie dabei die Bewegungen in Ihrem Körper: F – W – S – Z
- Die „Ähren-Übung": Strecken Sie die Arme in die Höhe, und wiegen Sie sich wie eine Ähre im Wind: links, rechts, vor und zurück. Wiegen Sie sich dabei hin und her, bis Sie in der inneren Mitte zur Ruhe kommen.
- Sprechen Sie nun Vokale, und achten Sie darauf, dass Ihr ganzer Körper dabei mitschwingt und von dem Klang erfüllt ist: E – A – O – U – EI.
- Nehmen Sie nun *ein einziges Wort* (z.B. „Liebe" oder „Reichtum", „Heilung", „Glück"), und sprechen Sie dieses *eine Wort* bewusst mit unterschiedlicher Energie, in unterschiedlicher Rolle, aus unterschiedlichen Körperregionen (Kopf, Bauch, Herz), langsam, schnell, laut, leise.

Wenn Sie Ihre Stimme trainieren, bilden Sie damit auch immer Ihren Charakter. Versuchen Sie, aus dem Bewusstsein und dem Herzen zu sprechen. Wenn Sie aus der eigenen Mitte sprechen, machen Sie einen viel tieferen Eindruck auf andere Menschen. Sie sind geistesgegenwärtig und drücken dies auch in Ihrer Stimme aus.

So sprechen Sie nicht mehr in leeren Worthülsen, sondern Sie senden Ihre Worte als mit Bewusstsein aufgeladene Energiefelder hinaus. Schalten sie dazu bewusst auf „Senden“. Und machen Sie sich zuvor bewusst, dass Sie nun wirklich mit dem anderen in Kontakt treten und „in ihn hinein sprechen“. Alle diese Gedanken haben Wirkung.

Lernen Sie, bewusst langsam zu sprechen, und achten Sie auf die Energie, die Sie mit Ihrer Stimme übertragen. Stellen Sie sich vor, dass Sie heilend auf den anderen wirken möchten, dass Sie gesund und selbstbewusst sprechen.

Es ist dabei wichtig, dass Sie durch Experimentieren Ihren eigenen Sprachstil finden. Dies kann in verschiedenen Situationen ein unterschiedlicher sein: Lernen Sie, als Manager oder Gemütsmensch zu sprechen, als Esoteriker oder orientalischer Märchenerzähler, jungenhaft oder seriös, mit oder ohne Dialekt etc. Fragen Sie sich also: Als wer spreche ich?

Diese Übungen sollten Ihnen wirklich *Freude bereiten,* denn die Stimme ist das Werkzeug, mit dem Sie Ihre Gesprächspartner im direkten Kontakt am meisten beeindrucken werden.

Lernen Sie telefonieren

Sie können Ihre Stimme sehr schön am Telefon trainieren. Achten Sie jetzt aber nicht mehr auf die Stimme, sondern *die Qualität Ihrer Kommunikation.* Dann vergleichen Sie diese Qualität mit der Qualität Ihrer Stimme. Sie erkennen einen Zusammenhang!

- Zeichnen Sie Ihre Telefonanrufe zu Trainingszwecken mit einem Kassettenrekorder auf!

Der Eindruck, den Sie beim ersten Telefonkontakt bei einem Menschen hinterlassen, ist von Ihrer Stimme abhängig. Sorgen Sie dafür, dass Sie wirklich einen „Ein-Druck" hinterlassen.

Sorgen Sie dafür, dass Sie dem anderen über Ihre Stimme wirklich begegnen. Schon Sokrates sagte: *„Sprich, damit ich Dich sehe."* Wenden Sie sich dazu beim Gespräch innerlich ganz dem anderen zu, stellen Sie sich auf ihn ein, und lassen Sie ihn Ihr Interesse und Ihre Anteilnahme spüren.

Lernen Sie die Kunst des Zuhörens, indem Sie sich öffnen und den anderen „wahrnehmen" und ihn wichtig nehmen.

- Merken Sie sich seinen Namen und notieren Sie *in jedem Fall* seine Telefonnummer und Anschrift.
- Vielleicht wollen Sie auch noch wissen: Warum rufen Sie gerade mich an?
- Einen guten Abschluss finden: „Ich wünsche Ihnen einen guten Tag." – „Ich danke Ihnen für Ihr Vertrauen." – „Ich freue mich auf unser Gespräch." – Nennen Sie bei der Verabschiedung den Namen des Gesprächspartners.

Achten Sie auch darauf, welche Haltung Sie beim Telefonieren einnehmen: Stehen Sie, sitzen Sie? Haben Sie den Hörer am rechten oder linken Ohr? Variieren Sie Ihre Haltung!

Ein Mensch, der seine Stimme verändert, verändert damit seinen Charakter. Es gibt kaum einen anderen Bereich, in dem man so viel für seinen Erfolg tun kann, und keinen, bei dem der Erfolg schneller sichtbar wird, als die Stimme. Sich selbst eine neue Sprache schenken heißt, sich seiner wahren Person bewusst werden, sie zum Ausdruck bringen und der sein, der man im tiefsten Inneren ist.

Erfolgskontrolle:

Achten Sie bitte einmal darauf: Machen Sie Menschen ein Kompliment, wenn Ihnen ihre Stimme besonders gut gefällt? Haben Sie selbst in der letzten Zeit häufiger *Komplimente über Ihre angenehme Stimme* bekommen?

- Sie können jetzt Ihre drei Stimmen klar voneinander unterscheiden: Ihre geschulte *Sprechstimme* (z.B. für Vorträge, Seminare), Ihre (technisch übertragene) *Mikrofon- und Telefonstimme* und Ihre *Meditationsstimme.*
- Sie haben Ihre Meditationsstimme über die Aufnahme von *Entspannungs- und Meditationstexten* (Kassettenrekorder) geschult.
- Sie nehmen *die Stimme anderer Menschen* bewusster wahr und können ihren Charakter anhand ihrer Stimme besser erkennen.
- Sie achten *beim Telefonieren* ganz besonders auf Ihre Sprache und die Ihres Gesprächspartners.

7. Schritt: Eine Erfolgsaura und Charisma entfalten

Von der PERSON zur PERSÖNLICHKEIT

Was also zeichnet eine Erfolgs-Persönlichkeit aus?

Zunächst einmal muss man überhaupt *den Schritt von der Person zur Persönlichkeit* vollzogen haben. Er besteht darin, seine eigene Mitte zu finden.

Seine Mitte finden bedeutet *erkennen, wer ich wirklich bin,* sich seiner wahren Identität bewusst zu sein und sich mit seinem „Wahren Selbst“ zu identifizieren. Das heißt denken, fühlen, reden und handeln als der, der ich wirklich bin; heißt, Entscheidungen nicht mehr fällen, sondern „treffen“.

Eine solche Persönlichkeit hat *ein wirkliches „Selbst-Bewusstsein“ und eine unerschütterliche Gelassenheit.* Das heißt auch, alles loslassen, was nicht mehr wirklich zu mir gehört, um immer mehr der zu sein, der ich in Wirklichkeit bin: *echt, ehrlich und authentisch.* Eine solche Persönlichkeit hat eine natürliche Autorität, der man wie von selbst folgt. Eine Autorität, die nicht von außen verliehen wurde, sondern aus dem eigenen So-Sein gewachsen ist.

Der wichtigste Schritt auf dem Weg zu sich SELBST ist die Erkenntnis, dass ich immer schon ich SELBST war, bin und immer sein werde. Ich muss mir das weder erarbeiten, „ermeditieren“ noch erkämpfen. Ich kann in Wirklichkeit gar nicht anders, als ich SELBST zu sein. Ich brauche mich nur wieder daran zu erinnern, mich wieder mit mir SELBST zu identifizieren und als ich SELBST zu handeln und zu leben.

Die *zweitwichtigste Erkenntnis* ist, dass ich damit *die bedeutendste Entdeckung gemacht habe, die man in einem Le-*

ben machen kann, nämlich sich SELBST zu entdecken. Damit bin ich am Ziel und kann den Weg genießen.

Dann habe ich auch erkannt, dass die Karriereleiter nicht vorwärts führt, wo immer das sein mag. Spätestens wenn ich die letzte Sprosse erklommen habe, erkenne ich, dass ich nicht am Ziel bin, sondern nur am Ende der Leiter. Das kann mich in eine ernste Krise stürzen, bietet mir aber auch die Chance, mich nun wirklich Wesentlichem zuzuwenden und das Wesentlichste nicht zu versäumen: mich SELBST!

In jedem Augenblick am Ziel sein heißt: in der „Leichtigkeit des Seins" leben, den Weg und damit das Leben wirklich genießen und so selbst zum Weg werden. Die Faszination meines wahren SELBST zu begreifen und so ganz von selbst (genauer: vom SELBST) Charisma zu haben.

Eine Persönlichkeit braucht aber auch Menschenkenntnis, denn Menschenkenntnis führt zur Selbsterkenntnis und Selbsterkenntnis zur Menschlichkeit. Andere Menschen wirklich zu mögen, ihnen Sympathie, Wohlwollen oder Liebe entgegenzubringen, ist ein nicht zu unterschätzender Erfolgsfaktor. Keiner wird wirklich groß, der andere verachtet. Denn wer andere verachtet, der verachtet im Grunde auch sich selbst. Einflussreiche Menschen erhalten ihren Einfluss durch das Vertrauen, die Achtung und Zuneigung anderer Menschen. Erfolg ist daher abhängig von der richtigen Geisteshaltung, und zwar physisch wie psychisch. Ohne sie ist Erfolg nicht möglich.

Der Erfolg als Persönlichkeit ist insbesondere abhängig von der „Mischung" der folgenden Komponenten:

- Wissbegier und Achtsamkeit
- Unternehmungslustig und vielseitig interessiert
- Optimistisch gegenüber der Zukunft, aber im konstruktiven Sinne unzufrieden
- Willens und fähig, ständig zu lernen, unabhängig und flexibel zu sein und bereit zu sein, Verantwortung zu tragen.

- Es macht Ihnen Freude, andere Menschen zu überzeugen, und bei gemeinsamen Unternehmungen übernehmen Sie gern die Führung.
- Sie sind selten unsicher, wie Sie sich verhalten sollen, und rechnen bei dem, was Sie tun, mit dem Erfolg.
- Sie sind anderen oft einen Schritt voraus, geben anderen oft Ratschläge und Empfehlungen und können sich auch gut durchsetzen.
- Sie bewahren in jeder Situation Gelassenheit und haben ein starkes Selbstbewusstsein. Das bedeutet vor allem, dass Sie sich Ihrer selbst bewusst sind.
- Sie haben ein überlegenes Fachwissen und eine klare Vorstellung davon, was Sie wirklich wollen.
- Sie haben eine analytische und kreative Intelligenz und verfügen über die Fähigkeit zur Organisation und Zeiteinteilung.
- Sie gehen sorgfältig an eine Sache heran und können Prioritäten setzen.
- Sie haben eine starke Motivation für Ihr Handeln. Sie zeigen Begeisterung, Leidenschaft und Enthusiasmus.
- Sie halten Gedankendisziplin, haben ein gutes Gedächtnis.
- Sie halten sich auch körperlich fit und haben eine gute (ticfc) Atmung.
- Sie haben die für Sie richtige Lebensphilosophie gefunden und leben danach.
- Sie haben eine starke Ausstrahlung, eine echte Autorität und ein gutes Image, mit einem Wort: Sie haben Charisma.
- Sie haben eine gute Beobachtungsgabe und Geistesgegenwart.
- Sie sehen gut aus, tragen die richtige Kleidung und haben eine wohlklingende Stimme.
- Sie haben Kontaktfähigkeit und Einfühlungsvermögen und eine positive Einstellung zu anderen Menschen.
- Dies zeigt sich in Güte, Geduld, Sympathie und Toleranz.
- Sie sind pünktlich und zuverlässig und versprechen nur, was Sie auch halten können und wollen.

- Sie können gut zuhören und auf andere eingehen und können sich gut ausdrücken.
- Sie haben Kenntnis didaktischer Methoden und beherrschen viele Problemlösungstechniken und -strategien.
- Sie sind als Mensch integer und kongruent: Sie strahlen Integrität aus und stehen in Einklang mit sich selbst.
- Sie kennen und beachten die „geistigen Gesetze" und erkennen die Wirklichkeit hinter dem Schein.
- Sie haben die Fähigkeit, jeden als Freund zu gewinnen, und nutzen jeden als Lehrer.
- Sie sind eine Persönlichkeit, die Vertrauen ausstrahlt.

Finden Sie zu jedem Punkt ein oder mehrere Beispiele, die Ihre Einstellung belegen. Wo können Sie die Entfaltung Ihrer Erfolgs-Persönlichkeit noch etwas vorantreiben?

Wer innen wie außen die richtige Geisteshaltung gefunden hat, *dem fällt der Erfolg als logische Folge dieser Haltung in den Schoß.* Nur wer selbst überzeugt ist, überzeugt auch andere. Nur wer begeistert ist, begeistert auch andere, und nur wer an sich selbst glaubt, kann erwarten, dass auch andere an ihn glauben.

So wird erfolgreiches Sein zu einem Reflex, und das, was für andere Probleme sind, wird zu Situationen und Umständen, die verbessert werden können, zu Aufgaben, die gelöst werden müssen und können, zu Gelegenheiten, um daran zu wachsen und zu reifen. Im Leben schreitet nun mal der am sichersten voran, der am besten vorbereitet ist, der seine Kräfte optimal einzusetzen und seine Möglichkeiten voll auszuschöpfen weiß.

Wie viele dieser Eigenschaften haben Sie schon ausprägen können? Das sind jedenfalls die Faktoren, die über Ihren Erfolg entscheiden. Sie entscheiden darüber, wie weit Sie sie entwickeln.

In dem Maße, wie das bereits geschehen ist, sind Sie erfolgreich, ganz gleich, was Sie anfassen. Dann ist es nicht mehr wichtig, ganz oben in der Firmenhierarchie zu stehen und ein hohes Einkommen zu haben – es ist einfach unvermeidlich. Sie brauchen dann auch nicht mehr eine geheime Telefonnummer, ein ungewöhnliches Auto oder ein Nummernkonto in der Schweiz, um WER zu sein. *Sie sind WER, auch wenn Sie nicht häufig in der Presse erwähnt werden oder im Fernsehen zu sehen sind.* Dann haben Sie auch keine Angst mehr vor dem Erfolg, sondern genießen ihn, wo immer er Ihnen begegnet. Er begleitet Sie auf Schritt und Tritt. *Erfolg wird so zu Ihrem ständigen Begleiter.*

Die Aura der Fülle und des Wohlstands

So wie die Natur in jeder Hinsicht verschwenderisch ist, so haben auch Sie *ein natürliches Recht auf Wohlstand.*

Dazu brauchen Sie nur Ihre natürlichen Geisteskräfte zu aktivieren. Die Physik lehrt uns zwar: „Nichts kommt von nichts." Sie aber können *aus dem Nichts einen Gedanken erschaffen,* der vorher nicht da war und der nicht eher ruht, bis er das erschaffen hat, was er beinhaltet. *Der Gedanke ist eine unsichtbare und unfühlbare, aber hoch wirksame Kraft,* die aus dem unbegrenzten Bereich der Möglichkeiten in Erscheinung treten lässt, was immer Sie denken und glauben können.

Die Kraft, die Sie in Armut, im Mangel, in ständigen Krisen hält, ist die gleiche, die Sie reich machen kann. Dieser latente Reichtum ist Ihr geistiges Erbe und wartet darauf, dass Sie ihn „in Erscheinung treten lassen".

Sie wurden geboren, um in der Fülle zu leben, so wie es Ihrer Natur entspricht. Sie brauchen nur die Gesetzmäßigkeiten des Erfolgs kennen und Schritt für Schritt anwenden, und Erfolg und Reichtum werden unvermeidbar.

Dazu gehört auch, dass Sie nie mehr arbeiten, denn solange Sie noch arbeiten, können Sie nicht erfolgreich sein. Arbeiten heißt, etwas tun, was man sonst nicht tun würde, nur um Geld zu verdienen. Eine unverzichtbare Voraussetzung für den Erfolg ist es, *nur noch das zu tun, was Freude macht.*

Denn was man gern tut, das tut man auch gut, und was man wirklich gut macht, das wird auch vom Leben gut bezahlt.

Wir sind geboren, um das „Spiel des Lebens“ zu genießen, aber genießen Sie wirklich das Leben? Glauben Sie wirklich, dass Sie erfolgreich werden, indem Sie sich zwingen, etwas zu tun, das Ihnen keine Freude macht? Vergessen Sie es, es geht nicht!

Alle erfolgreichen Menschen hatten, bei allen Unterschieden, eines gemeinsam: Sie hatten *Freude an dem, was sie taten.* Nur so wurden sie zu einem erfolgreichen Ausdruck des Lebens und hatten noch ihren Spaß dabei.

Wahrer Erfolg und Freude sind nicht voneinander zu trennen. Versuchen Sie es gar nicht erst, denn erst beides miteinander wird zu einem erfüllten Leben.

**Tun Sie ab heute nur noch das,
was Sie mit Freude erfüllt.
Das ist das ganze Geheimnis
eines erfüllten Lebens.**

Betrachten Sie das Leben von der heiteren Seite, und wenn Ihnen wirklich einmal eine Seite Ihres Daseins nicht gefällt, blättern Sie einfach um. Das wahre Leben wartet auf Sie!

Charisma ausstrahlen

Eine *charismatische Erfolgs-Persönlichkeit* ist bereits von Weitem zu erkennen. Sie ist ein Mensch, der fasziniert, ein Mensch, der deutlich Führungsqualität ausstrahlt.

Charisma ist die Ausstrahlung eines Menschen. Ausstrahlen kann man nur das, was da ist. Was da sein könnte, ist das Wesen des Menschen, ein „wahres SELBST“. Die Ausstrahlung wird ganz besonders konzentriert, wenn sie sich *in einer bestimmten Aufgabe, einer Mission ausdrückt.*

Das Wort „Charisma“ kommt aus dem Griechischen und bezeichnet *die Fähigkeit, die Aufmerksamkeit auf sich zu lenken, dort festzuhalten und Erfolg zu haben.* Das Wort ist verwandt mit dem Wort „Charis“, der Göttin des Geheimnisvollen und der Nächstenliebe. Wir sprechen von Charisma, wenn ein Mensch eine starke Ausstrahlung hat und damit auf die anderen besonders anziehend wirkt.

Charisma ist nicht an Alter, Geschlecht, Position oder Leistung gebunden. Es ist auch keine besondere Gabe, die ein freundliches Schicksal an wenige Auserwählte verschenkt. *Charisma kann von jedermann entwickelt werden und tritt ganz natürlich in Erscheinung.* Und zwar, je mehr ich echt, ehrlich und authentisch bin, mit einem Wort: je mehr ich der bin, der ich in Wirklichkeit bin – ICH SELBST.

Ich habe viel Charisma, wenn ich ganz im Einklang mit mir SELBST und dem Leben bin. Das heißt auch, im Hier und Jetzt SEIN, wenn ich „synchron“ mit dem Zeitstrom der Menschheit lebe, wenn ich voll im Lebensfluss stehe, ganz in meiner Mitte bin, wenn mein Bewusstsein ganz weit ist und damit viele erreicht. Ich habe kein Charisma, wenn ich ganz eng bin, wenn ich Angst habe, wenn ich mich nicht traue, ich selbst zu sein. Wenn ich voll bin mit Bildern, Programmen, Vorstellungen von anderen und mich dadurch vom Leben entferne, von dem, was JETZT ist. *In dieser Enge hat mein Wesen und damit das Leben keinen Platz, sich zum Ausdruck zu bringen.*

Sobald ich mich wieder mit mir selbst identifiziere und in Einklang mit mir lebe, *wirkt mein ganzes Tun charismatisch.*

Ich sollte ganz im Hier und Jetzt leben und offen sein für die Qualität des Augenblicks und das, was jetzt zu tun ist. Dann fallen mir auch die günstigen Zufälle zu, Türen öffnen sich, die anderen verschlossen bleiben. *Denn das Leben hilft sich selbst, sich voll zum Ausdruck zu bringen.* So habe ich auch in jedem Augenblick die Kraft, die erforderlich ist, das „Notwendige“ zu tun. *Das Leben kann mir diese Dinge aber nicht zufallen lassen, wenn ich gar nicht da bin.* Was nützt mir die ganze Fülle der Schöpfung, wenn ich nur ein Bewusstsein habe, das so klein wie ein Fingerhut ist.

Zuerst muss ich also lernen, mich SELBST als faszinierende Persönlichkeit zu betrachten, eigentlich zu erkennen, mich so anzunehmen, ja zu lieben, wie ich bin, aus der Erkenntnis heraus, *dass ich von der Schöpfung genau so gebraucht werde, wie ich bin, und das Höchste Bewusstsein sich durch mich so zum Ausdruck bringen möchte, wie ich bin!* Und nicht so, wie ich gern sein möchte.

Nur so, wie ich bin, kann ich meinen Platz ausfüllen, und nur als ICH SELBST kann ich von meinem Platz aus den nächsten Schritt tun. Erkenne dich also als die einzigartige Persönlichkeit, die du bist, voll von Tatkraft, Möglichkeiten und voller Liebe. Ja, Liebe ist dein wahres Wesen.

Die natürliche Wirkung dieser einzigartigen Persönlichkeit, die du bist, ist die Ausstrahlung und Überzeugungskraft, die wir Charisma nennen.

Charisma ist nichts anderes als die Verwirklichung der wahren Persönlichkeit, des ICH BIN!

Kein anderer hat Ihre Anlagen, Talente und Fähigkeiten. Sie sind wirklich einzigartig. Noch nie hat es bisher einen Menschen gegeben wie Sie, und in alle Ewigkeit wird es nie mehr einen solchen Menschen geben.

Sie sind einzigartig, einmalig, faszinierend und Sie sind EINS MIT DEM EINEN!

Aus dieser Einmaligkeit strahlen Sie Liebe, Selbstbewusstsein, Tatkraft und Hoffnung aus, sind den anderen eine Chance, ebenfalls zu sich selbst zu finden. *Sie sind ein lebender Beweis dafür, dass es möglich ist, jetzt und hier.* Sie wissen, dass Ihr „Wahres SELBST“ weder geboren wurde noch sterben wird. Sie waren immer und werden immer sein. Sie SELBST können nicht alt werden oder krank.

Sie sind vollkommenes Bewusstsein, ein *In-dividuum, ein ungeteilter Teil des Einen.* Der Kontakt zu Ihnen ist für jeden ein Gewinn und eine Freude. Sie wissen, dass Sie noch nie etwas falsch gemacht haben; und auch, wenn Sie es heute anders machen würden, war es doch irgendwo wichtig und richtig. Sie geben einfach in jedem Augenblick Ihr Bestes und wissen daher, dass auch JETZT alles, was Sie tun, wichtig und richtig sein wird.

Ihre Erfolgsaura erleuchten

Übung: So energetisieren Sie sofort Ihre Erfolgsaura

- Atmen Sie vier Sekunden ein, und imaginieren Sie eine Sonne oder ein helles Licht. Spüren Sie, wie dieses Licht herunterkommt, Sie ganz durchdringt und erfüllt, so dass jede einzelne Zelle Ihres Körpers durchlichtet ist, vor allem das Rückgrat, und spüren Sie dann, wie sich das Licht in der Gegend Ihres Herzens mit dem Licht Ihres Bewusstseins verbindet.

Das ist eine kleine Übung mit einer großen Wirkung.

- Nachdem Sie die Erfolgsaura hergestellt haben, stellen Sie sich eine vor Ihnen liegende Situation in allen Details vor, und „erleben“ Sie, wie Sie diese Situation optimal meistern.

Erfolgskontrolle:

Erkennen Sie, dass Sie auf genau dem richtigen Platz stehen. Ihr ganzes Leben hat Sie zu dem Augenblick geführt, den Sie jetzt erfüllen.

Werden Sie der *Vollkommenheit dieses Augenblicks* gewahr.

Richten Sie noch einmal einen Blick auf die großen Ereignisse in Ihrem Leben, die Sie bisher als Niederlagen verstanden haben. *Erkennen Sie die tiefen Lektionen in diesen Ereignissen, den Schatz, der in Ihnen verborgen liegt und den Sie jetzt bergen können.*

Ihr ganzes Leben hat Sie ausgebildet, jede Lektion hat einen Sinn in dieser Ausbildung. Immer hat es das Leben gut und liebevoll mit Ihnen gemeint. Jetzt sind Sie auch offen dafür, dies zu erkennen und zu nutzen.

Sie sind ein Botschafter.
Verkünden Sie Ihre Botschaft.
Die Menschen warten darauf.

Anhang

Die Technik des Armtests

Bitten Sie einen Freund oder ein Mitglied der Familie, sich als Testperson zur Verfügung zu stellen, und führen Sie folgenden Test durch:

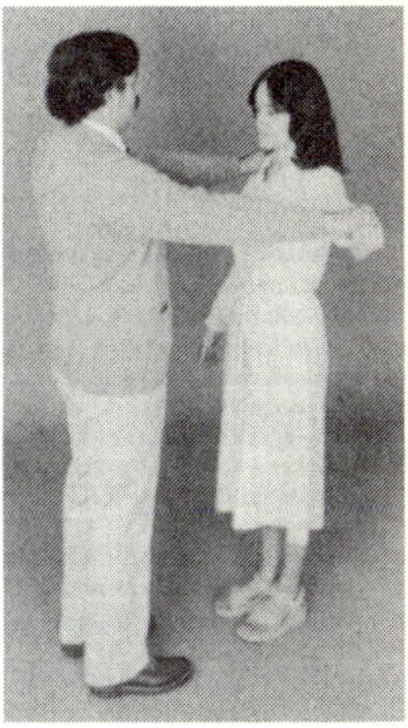

1. Die Testperson steht aufrecht, der rechte Arm hängt entspannt an der Seite herunter, der linke Arm wird mit gestrecktem Ellbogen parallel zum Boden gehalten.
2. Stellen Sie sich vor die Testperson, und legen Sie Ihre linke Hand zur Stabilisierung auf die rechte Schulter der Testperson. Legen Sie die rechte Hand auf den ausgestreckten linken Arm, genau oberhalb des Handgelenks.
3. Sagen Sie der Testperson, dass Sie versuchen werden, den Arm herunterzudrücken, während sie mit aller Kraft Widerstand leisten soll.
4. Drücken Sie den Arm ziemlich rasch und fest, jedoch nicht ruckartig herunter. Es kommt darauf an, gerade so zu drücken, dass Sie das Sperren das Armes der Testperson feststellen können, nicht so stark, dass der Muskel ermüdet. Es kommt nicht darauf an, wer stärker ist, sondern ob der Muskel innerhalb der ersten fünf Zentimeter des Testradius das Schultergelenk gegen den Druck verschließen kann. Dies ist dann etwa ähnlich einem Scharnier, das einrastet. Der Druck beim Testen darf nur ca. drei Sekunden lang ausgeübt werden. Bei längerem Drücken wird jeder Muskel müde, und Sie bekommen ein falsches Testergebnis.

Konnte die Testperson dem Druck widerstehen? Fast immer ist dies der Fall; *der Arm bleibt ausgestreckt.*

Führen Sie dann den Test noch einmal durch, während die Testperson eine der folgenden Tätigkeiten ausübt:

- Sie isst etwas raffinierten Zucker.
- Sie hört Popmusik.
- Sie legt sich ein Stück Plastik auf den Kopf (eine Plastikeinkaufstüte reicht vollkommen).
- Sie blickt in fluoreszierendes Licht.
- Sie denkt an eine unangenehme Situation.

Das Ergebnis des Tests wird Sie überraschen. Nur selten gelingt es der Testperson, dem Druck zu widerstehen; *der Arm lässt sich fast immer ganz herunterdrücken.*

Wie ist das möglich? Obwohl der Testende den gleichen Druck ausübt wie zuvor, ist der Arm plötzlich schwach geworden. *Es ist eine Entweder-oder-Situation: Entweder der Arm gibt nach, oder er gibt nicht nach.*

Was ist eigentlich passiert? Irgendwie haben der raffinierte Zucker oder die Musik oder die anderen Einflüsse den Muskel zeitweilig geschwächt. Derselbe Effekt würde bei jedem anderen Körpermuskel auftreten. (Wir verwenden diesen speziellen Muskel, den Deltamuskel, da er leicht zu testen ist.) *Offensichtlich war die Energieversorgung im Körper während des Tests gestört.*

Text und Bild mit freundlicher Genehmigung entnommen aus John Diamond: *Der Körper lügt nicht,* Kirchzarten : VAK, 17. Aufl. 2001, S. 12–14.

Der Test erkennt also die *Energielage im Körper.* Wenn Ihre Aussage stimmig ist, dann reagiert der Arm stark, ist die Aussage unstimmig und damit die Energie schwach, dann reagiert auch der Arm schwach und lässt sich fast widerstandslos durchdrücken.

Da der Test für alle Muskeln gilt, gibt es auch einen *„Armtest für Alleinstehende":* Mittelfinger und Daumen der einen Hand bilden einen Kreis, Mittelfinger und Daumen der anderen Hand gehen in diesen geschlossenen Kreis und schließen sich ebenfalls. Sie bilden aus vier Fingern zwei ineinander liegende Ringe.

Testen Sie zunächst, wie stark die Muskeln sind, wenn Sie die Hände auseinanderziehen: Was es heißt, stark zu reagieren. Und dann brauchen Sie nur etwas völlig Unstimmiges zu denken wie „Ich bin zehn Jahre alt." – und schon halten Ihre Fingerringe nicht mehr!

Sie können damit sehr viel testen! Daraus eine ganz persönliche „Wissenschaft" für Ihr Leben machen: Tut mir das Lebensmittel gut? Bin ich durch Amalgam Quecksilber-belastet? Ist die Entscheidung richtig?

Doch denken Sie daran: Der Armtest ist immer nur ein JA-NEIN-Messsystem. *Keine Frage stellen, sondern immer nur Behauptungen aufstellen:* „Milch bekommt mir gut. (Testen Sie diese Frage doch einmal. Viele Menschen haben eine versteckte Milchallergie, ohne dass sie es wissen!) Das ermöglicht dann auch, gegenzutesten: „Milch bekommt mir nicht gut."

Wenn Sie diese Tests öfter durchgeführt haben, werden Sie bald ein inneres Gespür dafür bekommen, ob Ihr Muskel stark oder schwach reagiert. Sie brauchen den Test erst gar nicht mehr zu machen, sondern fühlen bei einer klar formulierten Behauptung gleich die Antwort als innere Gewissheit.

Leserservice

Audio-visuelle Medien zum Buch

Möchten Sie sich in das Thema weiter vertiefen? Von Prof. Dr. phil. Kurt Tepperwein gibt es dazu Bücher, Hör- und Videoprogramme:

Menge	Art.-Nr.	Titel	€*	SFr.*
	1027BU	Tepperwein/Aeschbacher: Erfolg ist das Ziel (Buch, 160 Seiten)	16,00	29,00
	1032BU	Tepperwein: Die Kunst mühelosen Lernens (Buch, 254 Seiten)	8,00	16,00
	4031KA	Tepperwein-Meditationskassette ICH BIN ERFOLG (Einzelkassette)	18,00	32,00
	2019AP	Tepperwein-Audio: Loslassen, was nicht glücklich macht, (4 Audio-Kassetten, 240 Min. Hörzeit)	49,00	89,00
	1001BU	Tepperwein: Die geistigen Gesetze (Lederbandausgabe, 159 Seiten)	22,00	39,00
	2020AP	Tepperwein-Audio: Wie man seinen persönlichen Erfolg unvermeidbar macht (4 Hörkassetten)	49,00	89,00
	3019VP	Tepperwein-Video: Wie man seinen pers. Erfolg unvermeidbar macht (1 Video, 120 Min. Spielzeit)	49,00	89,00
		dito als SPARPAKET: 1 Video-Kassette plus 4 Hörkassetten zusammen	89,00	158,0

* Preise verstehen sich immer für die Einzelmenge
Preisänderungen bleiben vorbehalten

Bestellungen aus der Schweiz:

Internationale Akademie der Wissenschaften (IAW), St. Markusgasse 11, FL-9490 Vaduz.
Telefon: (00423) 233 1212, Fax: (00423) 233 1214

Bestellungen aus Deutschland und Österreich:

Versandservice IAW, Füssenerstraße 52, D-87640 Biessenhofen. Telefon: (08342) 898 9378, Fax: (08342) 2738

Die IAW-Heimstudienlehrgänge

Sie haben dieses Erfolgstraining erfolgreich abgeschlossen. Sie können dieses Programm noch besser nutzen:

- für Ihre persönliche Entfaltung,
- für die Weiterbildung in Ihrem Beruf oder
- für einen beruflichen Neuanfang.

Auf der Grundlage der „sieben Schritte zur Erfolgspersönlichkeit" hat Prof. Dr. Kurt Tepperwein berufliche Heimausbildungen konzipiert:

Meister-Lehrgang Führung durch den Inneren Meister Wirken durch Wu-Wei
Praxis-Lehrgang Erfolg in Selbst-Führung und Geschäfts-Führung Mut zur Markt-Führung
Aufbau-Lehrgänge Ausbildung zum/r Mental-TrainerIn · Erfolgs-TrainerIn · Partnerschafts-BeraterIn · Gesundheits- & Ernährungs-BeraterIn · Intuitions-TrainerIn · Bewusstseins-TrainerIn
Grund-Lehrgang (2) fakultativ Der Aufbau der Erfolgspersönlichkeit
Grund-Lehrgang (1) obligatorisch Die 7 Schritte zur Erfolgspersönlichkeit

Bitte fordern Sie heute noch den Einzelprospekt bei der IAW in Vaduz zu den Heimausbildungs-Lehrgängen von Prof. Dr. Kurt Tepperwein an.

Das IAW-Gesamtprogramm

Wünschen Sie tiefer in das Thema einzusteigen oder die Möglichkeit zu nutzen, Prof. Dr. Kurt Tepperwein einmal live zu erleben? Die Internationale Akademie der Wissenschaften bietet Ihnen die folgenden Seminare und Ausbildungen an:

Seminare:

- Gesund + Vital
- Heile Dich selbst

- Perlen der Weisheit
- Erfolgreiche Praxisführung
- Erfolg-reich-sein
- Märchenhaft leben
- Optimales Selbstmanagement
- Die Macht der Gedanken

Ausbildungen (Direkt- und Heimstudienlehrgänge)

- Dipl. LebensberaterIn
- Dipl. Mental-TrainerIn
- Dipl. Erfolgs-TrainerIn
- Dipl. Intuitions-TrainerIn
- Dipl. Bewusstseins-TrainerIn
- Dipl. Partnerschafts-BeraterIn

Gesamtprogramme:

- Gesamtseminar- und Ausbildungsprogramm der IAW
- Neuheiten der Bücher-, Audio- und Videoprogramme

Sie erhalten Ihre gewünschten Informationen selbstverständlich kostenlos und unverbindlich bei:

Internationale Akademie der Wissenschaften (IAW)
St. Markusgasse 11, FL-9490 Vaduz (Liechtenstein)
Tel: (00423) 2 33 12 12 / Fax: (00423) 2 33 12 14
Internet: www.iadw.com
Beratungssekretariat in Deutschland:
Tel. und Fax: (0911) 69 92 47

Dazu ein persönliches Geschenk:
Für Ihre Anfrage bedanken wir uns mit der 20-seitigen Broschüre von Prof. Dr. K. Tepperwein „Praktisches Wissen kurz gefasst". Bei telefonischer Anfrage dieses Geschenk bitte ausdrücklich mit anfordern!

Stichwortverzeichnis

Mehr Kurt Tepperwein beim mvgVerlag

Die Botschaft Deines Körpers: Die Sprache der Organe. 16. Auflage 2004, Taschenbuch, ISBN 3-636-07058-4

Die hohe Schule des Erfolgs: Das 30-Schritte-Programm. 2. Auflage, gebunden mit Schutzumschlag, ISBN 3-478-72300-0

Die Kunst der Partnerschaft: Das Geheimnis von Liebe, Sexualität und Harmonie. 2. Auflage 2001, Taschenbuch, ISBN 3-636-07089-4

Du machst mich krank! Warum viele Beziehungen so ungesund sind – Die Sprache der Symptome erkennen und verstehen. 4. Auflage 2004, Taschenbuch, ISBN 3-636-07057-6

Mit Herz und Verstand alles erreichen: Wachsen Sie über sich hinaus. 2. Auflage 2005, Taschenbuch, ISBN 3-636-07056-8

Krankheiten aus dem Gesicht erkennen: Pathophysiognomie 9. Auflage 2002, Taschenbuch, ISBN 3-636-07073-8

Krise als Chance: Wie man Krisen löst und zukünftig vermeidet. 7., erweiterte Auflage 2005, Taschenbuch, ISBN 3-636-07099-1

Loslassen, was nicht glücklich macht: Der Weg zur inneren Freiheit. 13. Auflage 2005, Taschenbuch, ISBN 3-636-07097-5

Super-Intuition: So entwickeln Sie Ihre verborgenen geistigen Fähigkeiten. 2. Auflage 2002, Taschenbuch, ISBN 3-636-07077-0

Vom Beruf zur Berufung: So erlangen Sie mehr Erfolg und Zufriedenheit im Leben. 1. Auflage 2004, Taschenbuch, ISBN 3-636-07003-7

Was dir deine Krankheit sagen will: Die Sprache der Symptome. 7. Auflage 2006, Taschenbuch, ISBN 3-636-07096-7